Maeda Kyoko
前田京子

シンプルスキンケア

Simple
Skin Care

飛鳥新社

シンプルスキンケア

Simple Skin Care

Contents

Chapter 1

まず、自分の肌を知る

Chapter 2

洗顔とは何か？
——肌にいい理想の「石けん」を求めて

Chapter 3

美しい肌に必要なものⅠ
――「水」と「オイル」

16のオイル

OLIVE
OIL

スキンケアの目的別オイルの探し方　150

Chapter 4

美しい肌に必要なものⅡ
――「花」

Chapter 5

基本のレシピ

Chapter 6

応用レシピ

イラスト
朝倉めぐみ

カバーデザイン
こやまたかこ

写真
横川 誠

本文デザイン
こやまたかこ+木村美里

プロローグ

シンプルが気持ちいい！

楽しく、おいしく、美しい肌を作る

あなたにぴったりの「スキンケア」は必ず見つかる

「肌にいいと言われる高価な化粧品を買ってみたり、いろいろな美容法を試してみたけれど、結局なんだかうまくいかないのよね……」

もしかするとこの本を手に取られたのは、そんな気持ちを抱きながら、それでもまだ、「きっとどこかに、自分に合った化粧品やスキンケアの方法があるかもしれない」と探し続けていらっしゃるからでしょうか。

そうだとしたら、どうか安心してください。

「あなたの肌に合ったスキンケアの方法」は、必ず見つけることができます。

そんなことをのっけからうけ合うなんて、この人、いったい何者？

なかなかうまくいかなくて困っている人は多いのに、そんなこと言ってほんとうに大丈夫？

そう思われる方も、たくさんいらっしゃるかもしれませんね。

私は、皮膚科のお医者様でもなければ、美容研究家の方々のように、化粧品やスキンケアの

ことを専門の職業にしている人でもありません。
「毎日おいしいごはんを楽しく食べて、元気でいたい」と思うのとまったく同じ気分で、「毎日楽に気持ちよくスキンケアして、肌もつるつるでいたいな」と思っている、ただののんき者にすぎません。

実際友だちからは、「私なんて、陽に当たったらしみが増えるんじゃないかとか、年々、肌に潤いがなくなっちゃって、このまましわが増えたらどうしようとか、心配事がつきないっていうのに、あなたはいつも気楽そうよねー」

そんなふうに半分あきれたように言われたことも、たぶん1度や2度ではありません。

確かに肌のトラブルで困ったり、真剣に悩んだりすることもないし、秘密にしておきたいような化粧品があるわけでもありません。

でも逆に、肌の調子がいつも抜群で、一切トラブル知らずなどということだってありません。

それはそうです。私だって、忙しい日が続いて寝不足になれば、あごにぶつぶつが出ることもありますし、思っていたより長時間うっかり陽に当たってしまって、「わー、ちょっとまずかった!?」とあせることも、もちろんあります。

けれども私の場合、たまたま、あっ、今日は調子があんまりよくないかも、と思う日があったとしても、

「こんなときは、いつものように『水』と『オイル』と『花』がちゃんと助けてくれるから大丈夫。この3つのパワーを借りてスキンケアをすれば、すぐにつるつるすべすべの肌になる」とわかっていますので、基本的に、不安になったり心配したりということが、まずないのです。

つまり、この本でご紹介する「水」と「オイル」と「花」のパワーを、「こんなときにはこう借りればいい」というコツさえわかっていれば、ちょっとしたトラブルが起きたとしても、「あらら」と思うことこそあれ、ひどく慌てたり心を傷めることはありません。いずれ、きれいに片がつくことがわかっているからです。

それに、あんまりスキンケアのことを心配していると、それだけでしわが増えてしまいそうな気もします。

実際、このたった3つのパワーを使って、シンプルにできる、この「スキンケア」を実行している周りの人たちを見ていても、のんびり機嫌よくしているときほど、ちょっとしたしみやぶつぶつ、しわのばしのケアの効果もうんと速くあらわれるようですし……。

石けん作りで「オイル」のスキンケアパワーを発見

実は私は、高校生、大学生の頃などは、ごく普通の女の子で、友だちもよく使っている市販のチューブ入り洗顔料で顔を洗っていました。ですから、もともとは、「スキンケア」に特に興味を持っていたわけではなかったんですね。

今では、スキンケアの効能を持った、肌にいい石けんで洗顔をしていますが、当時はまだ、「石けんは、汚れを落とすためだけのもの」というのが常識でしたし、それを疑うこともありませんでした。

「石けんで顔を洗うなどというのはおじさんのすることで、まともな女の子なら、ちゃんとそれ用の洗顔料を使うものだ」というのが、なんとなく一般的な風潮になっていましたから、私もそれ以上、あまり深く考えることもなかったのです。

小さい頃から「石けん」が大好きで、いろいろな形や色、香りのものをひとつ、またひとつと集め、お気に入りのものは大事に箱にしまいこんでいたにもかかわらず、その頃は、それを

毎日の洗顔に使おうというふうには、全然思いませんでした。どちらかというと、石けんを手に取って、つるつるこっくりとしたさわり心地や香りを楽しむほうに興味があったのです。

ただ、たまたま子どもの頃から、キッチンでいろいろとものを作ることが大好きだったために、オリーブオイルでできた、ある石けんと、石けんのレシピがひとつ載っていたアメリカの料理本との出会いをきっかけに、

「石けんを作ろう！　せっかく作るのなら、市販されているものにはないほど良質の材料を使って、ほんとうに肌にいい石けんを自分で作ってみよう！」

と思いたつことになったのです。

そして石けん作りにはまって、次々と試作品を作っては使い心地を確かめ、試行錯誤を重ねるうちに、石けんのスキンケア効果の質を決めるのが、なんといっても主な材料となる「オイルの種類」だということに気づくことになりました。

「オイルにも、肌にいい種類のものと、そうでないものがある」ことがわかり、それを実際に作って確かめ、肌の仕組みなどについても詳しく調べ、さらに考えを進めていくうちに、「肌の健康のためには、私たちの肌の内側から自然に生み出されている、『皮脂』という成分と共通のものを含んだオイルを、必要に応じて補うことがいいのだ」というシンプルなことが段々わかってきました。

そしてついには、肌の健康のために、ほとんどのスキンケア用品を手作りすることになっていったのです。

手作りしなくても簡単にできる「シンプルスキンケア」

「毎日の健康を考えて、おうちでごはんを作るように、安心で肌にいい材料を使ったボディケア用品を自分で作ってみませんか？　高価な化粧品をいろいろ試しても効果が得られずがっかりしたり、それを繰り返すより、もしかするとずっと楽かもしれませんよ」ということを、石けんをはじめとしたボディケア用品のレシピとともに『お風呂の愉《たの》しみ』（飛鳥新社刊）という本で提案したのは、１９９９年の秋のことでした。

それ以来、「家で使うボディケア用品は、今ではすべて自分で作ります」という方がずいぶん増えました。けれどもその一方で、

「手作りをすることが特に好きというタイプではないのですが、長年肌荒れに悩まされてきた

のでやってみました。やっと肌が生まれ変わったようで、試したかいがありました」

「湿疹《しっしん》のひどい子どものために、必要に迫られてスキンケア用品を作り始めました」

といった声もびっくりするほど多く、手作りはそれほど好きでなくても作らなくてはならないほど、肌のコンディションで困っている方が、こんなにたくさんいらっしゃったのだとつくづく感じることにもなりました。そして、

「自分や肌の弱い家族のために、ボディケア用品を手作りしたいのはやまやまだけど、時間的にも、気分的にも、とても余裕がないんです。自分で作ることができなければ、ほんとうに肌にいいスキンケアをすることはできないのでしょうか？……」

そんなご質問を受けることもたびたびありました。

そのたび、「いえいえ、そんなことはないんですよ」と確信を持ってお答えはするのですが、では、「こうすればいいのです」ということを手短にお伝えするのは、とてもむずかしいな、と常々感じていました。

そこで、手間をかけなくてもいい方法を、わかりやすくまとめてみようと思ったのが、今回の「シンプルスキンケア」なのです。

「手作り」が特に好きでなくても、また作りたいけど時間がないという人でも大丈夫。時間と手間をかけずに、自分にとって一番気持ちのいい、ベストでシンプルなケアの素材と方法を見

つけ、実行することができます。

もちろん、作ることが好きで、オリジナルのボディケア用品のレシピを自分で編み出してみようという意欲に燃えている方の場合でも、この本でご説明する「美しい肌の仕組み」をちょっと意識するだけで、より一層、的確に、ご自分に合ったレシピを素早く生み出すことができるようになります。

つまり「他がなくても最終的にこれさえあれば、肌は一生大丈夫」と言える骨組みとなるものはいったい何なのか。そこに的を絞ってお話をすることにしたのが、今回のこの本なのです。

「水」と「オイル」と「花」をシンプルに使いこなす

それでは、最初にお伝えした「水」と「オイル」と「花」について簡単にご説明しましょう。

美しい肌を保つためのスキンケアにとって、まず「水」は、誰にでも大切で必要なもの。

ですから、「化粧水」という形でしっかりと補給しなければなりません。

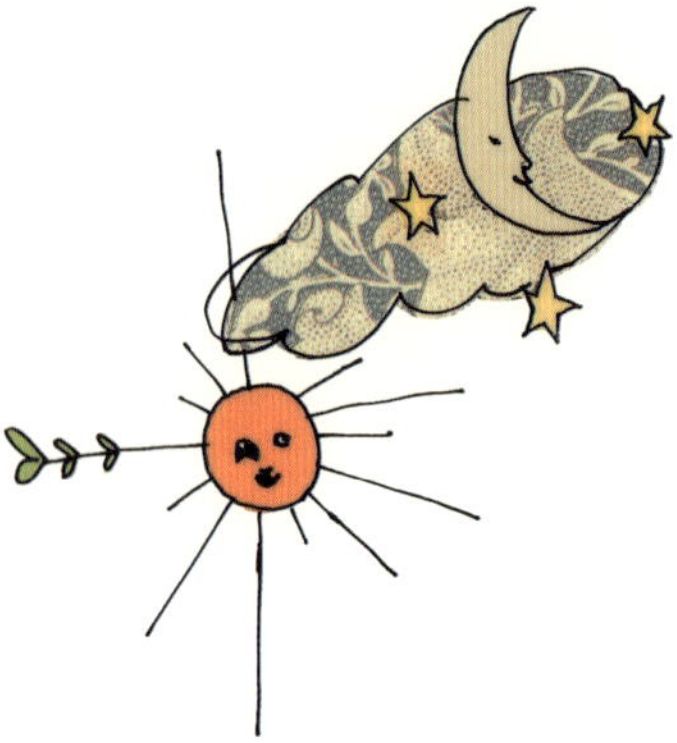

それに加えて、もうひとつ大事なのは、健康な肌にとって不可欠な「皮脂」の成分。その成分を含んだ天然「オイル」を使うことで、肌に自然に補うことができます。

さらに、気持ちを穏やかにし、からだの調子を整えてくれる「花」のパワーが凝縮された「精油」＝「エッセンシャルオイル」の効果的な使い方。

この3つの素材をよく知り、簡単に組み合わせる方法がわかれば、いくつになっても、健康で美しい素肌を手に入れることができるのです。

たとえば、保湿ケアを満足のいくものにするためには、「水」と「オイル」の上手な使い方がポイントになります。その鍵《かぎ》となるのは、「水はたっぷりすぎるほど」、そして「オイルはほんの数滴」の組み合わせ。この『シンプルスキンケア』でご紹介する化粧水なら、気がねなく、贅沢《ぜいたく》に水分を補給できます。

また、上質の天然「オイル」は、素材のままで、通常の化粧品でいえば「美容液」と言われているものと似た働きをします。

健康な肌にとって大切で、そのときに不足している成分を、良質な「石けん」や「天然オイル」で直接、効果的に補うことができるのです。

この本では、「美容液」や「美容クリーム」の材料として、肌によいとされる成分を含んだ16のオイルを紹介します。そして、それらのオイルの中から、あなたが必要とするオイルの見つけ方を、詳しくお話ししていきます。

実はここがオイルにとって、最も大事なところなのですが、いつでも、誰の肌にもぴったり合う、たったひとつの万能オイルなどというものはありません。

人によって、あるいは同じ人の肌でも、時と場合によって、必要な「皮脂」として補給しなければならない成分は微妙に違っています。

ですから、その日の肌の調子や、季節の変化などによって、必要な成分を含んだオイルを選んで使うことがポイントになってくるのです。

実際、肌にとって大切な「水分」と、美しい肌のもととなる皮脂の成分を含んだ「オイル」を、必要な時に、すかさず、ぴったりの量補給することができれば、肌の自然なサイクルは、基本的にはスムーズに動き始めます。

でもそれは、言ってみれば肌の表面だけのケアにすぎません。それにプラスして「花」が持つパワーを組み合わせ、からだ全体だけでなく、心のコンディションまで含めて整えることで、肌に、より輝きを与えることができるようになります。

その「花」のパワーを生きたまま届けてくれるのが、「精油」(エッセンシャルオイル)なのです。

すでにご存知の方も多いと思いますが、「精油」とは、その名に表されるように、植物の美しさ、生命力が凝縮された芳香成分。花や木や草などから採取され、たくさんの種類があります。

1キログラムのバラの精油を採るためには、3・5トンものバラの花びらが必要だと言われています。「花」の精油は、まさに花の「精」が宿ったものと言えるのです。

その具体的な使い方は、あとで詳しくご説明しますが、私が「水」と「オイル」を基本としたスキンケアに「花」をプラスするやり方にたどりついたのは、長年いろいろと試していくうちに、「肌というのは、からだや気持ちの調子をそのまま映し出す鏡のようなものだ」という実感を持つようになっていったからです。

忙しくて睡眠時間が少なくなったり、心配事が重なって眉根《まゆね》がよったりすれば、肌の表面も疲れやいらいらを見せて、かさついたりぶつぶつが出てきたり……。

こんなとき、花や緑をじっと見て、その香りが鼻腔《びこう》を通り過ぎたとき、心やからだが自然と安らぐということは、誰もが実感として知っていることでしょう。

たとえ、花を飾って眺める余裕などない日々を送っていたとしても、一日のうちのどこかでは必ず、生きた花の芳香を思い出す。化粧水の中に入れこんだ「花」の精油の持つ力のおかげで、ほんの数十秒でも現実から離れ、神経を休め、さーっと広がり立ちのぼる美しい香りに包まれることで、深いところから疲れがほぐされていきます。

それが、肌のコンディションを整えることに、すっとつながっていくのです。

食べてもおいしい「スキンケア」をどうぞ

ところで、「シンプルスキンケア」には、「オイル」の使い方として、もうひとつおまけがあります。それは、肌にいいオイルを、肌の内側からも補うこと。つまり食べることです。

私にとってスキンケアの定番でもある「オリーブオイル」や、バスオイルとしても愛用している「くるみ油」（ウォルナッツオイル）、「パンプキンシード油」。それから美容オイルにする

こともある「スイートアーモンド油」。

こうしたオイルを、私はしょっちゅう、台所でも使っています。レタスやクレソン、りんごなどのサラダ、蒸したカリフラワーやブロッコリー、にんじん、新じゃがなどにオイルをさっとふりかけ、ぱくぱく。

おいしい塩、胡椒《こしょう》、お酢、レモンのくし切りなどといっしょに、こうした香味豊かなオイルの小びんを食卓に出しておけば、新鮮な野菜サラダや、蒸しただけの温野菜を、めいめいが自分の好きな味付けにして楽しむことができ、お料理当番もとってもラクチンです。

ほんとうに上質の原料からきちんと作られたオイルの特徴は、それぞれ、もとの材料（オリーブやくるみの実、かぼちゃの種、アーモンドの実など）が持っている香りと風味をしっかりと保ち続けているということです。

今でも一般的にオイルというと「炒め物や揚げ物をするときに、まず鍋《なべ》やフライパンに入れて使うもの」と思われがちです。確かに、あまり香味の感じられない調理油がたくさんありますが、本来は塩やスパイス、お酢などと同じように、風味をつけるための「調味料」（ドレッシング、またはソース）として、そのまま使えるものなんですね。

「出来合いのドレッシングのほうが、そのままふりかけるだけでいい」から楽だと思われるかもしれません。でも、オイルやヴィネガー、塩、胡椒などの「素材」をそのまま、好みの量ふりかけるだけでいいのです。

また、出来合いのものは、ラベルを見てもどんなオイルが使われているのかよくわからないことも多いようですが、実は、それはスキンケアの観点からは、とてももったいないことなのです。

それは「どんなオイルを食べるか」が、「どんな肌になるか」と密接な関係にあるからです。

美しい肌にとって必要な成分がそのまま、身近な食用オイルの中にあって、肌のコンディシ

ヨンによって、食べるオイルを選ぶこともできるのです。

肌になめらかなつやを与えているのは、健康な肌がバランスよく分泌している「皮脂」という成分。

そんな「美肌を作る皮脂成分」が、どのオイルにどれぐらい含まれているのか。それを知って、上手にオイルを組み合わせることで、普段の食事の中で、美しい肌の材料を直接補給することができるというわけなのです。

これらの詳しいことは、本書でこれからお話ししていきますが、そういうことだったら、ドレッシングには、ぜひ肌にいいオイルを使いたいわ、と思いませんか?

せっかくきれいになれる機会を、みすみす単なるカロリー摂取にしてしまうのはもったいない! それに肌のためにときちんと選んだオイルは、なんといっても食べてもおいしいのです。

オイルの摂りすぎは、からだに悪いということがクローズアップされがちで、「ノンオイル」のドレッシングなどがあるほどですが、上質のオイルだからこそ取り入れることのできる成分で、健康や美容に欠かせないものもあります。そんなからだが欲しがるオイルなら、少しで効果がありますし、無理なく摂れば太ることを心配する必要もありません。

いきいきとした肌で、毎日、朝を迎えましょう

朝起きて鏡をのぞきこんだとき、あるいは顔を洗って化粧水をはたいたあとで、「あ、今日は肌の調子がいいみたい」と思えたら、それだけでなんだかうれしくて、明るい気分になったりしませんか?

その日やらなくちゃいけないことがいろいろたまっていたとしても、なーに、ちょっとがんばれば、案外すいすいいくかも、と思えて、身支度しながら鼻歌が出たりして……。

そんなことで一日に立ち向かう元気が出てくるなんて、なんて単純なの! と言われれば確かにそうですが、ことほどさように「肌の調子は朝の気分を左右する」。

そんなふうに感じているのは、きっと私だけではないと思うのです。

人生いろいろのめぐりあわせやお天気は、自分でコントロールできる範囲を超えていて、なかなか思うようにはいきません。そして悲しいかな、そんなふうに自分ではどうしようもないことに、私たちの気持ちは揺さぶられます。

でもだからこそ、せめて毎日のスキンケアぐらいは、予測可能で安心なものであってほしいのです。ほんの数分でも、からだも心も勇気づけられる、のびやかにリラックスした時間にしたいのです。

そのときどきの自分にとって必要なものをしっかりと選びとり、おいしくて、気持ちのいいやり方で、「元気」と「きれい」にまっすぐつながる、シンプルで実のあるスキンケアがしたい……。

もし、あなたが、私と同じように感じていらっしゃるなら、この先のページをどうかのぞいてみてください。もしかすると私がそうであったように、この本で重要な鍵となる「脂肪酸！」なんていうおかしな名前のものが、あなたにとっても「開けごま！」のおまじないになるかもしれません。

Chapter 1

まず、自分の肌を知る

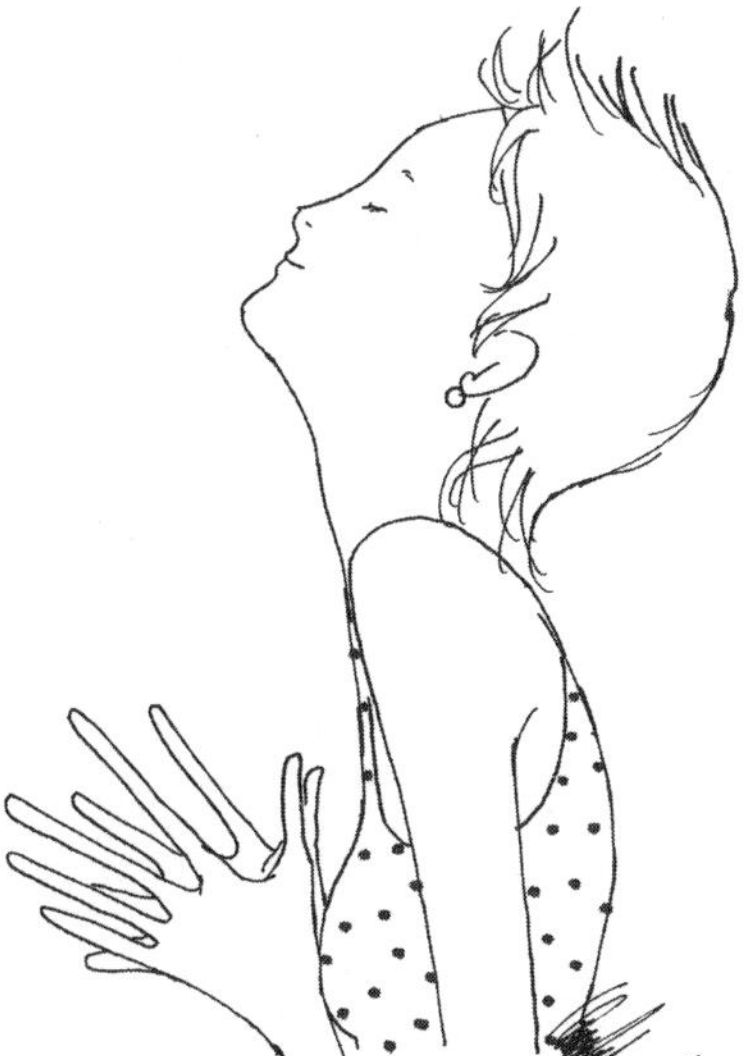

一番美しくて健康な肌をしている人の職業は？

1960年代だったか70年代に、アメリカのある化粧品会社が「美しい肌」についてしたという調査の話を、ずいぶん前に何かで読んだことがあります。

いろいろな職業の女性たちの肌を詳しく調べ、くらべてみて、どんな環境でどんなスキンケアをしている人の肌が美しいのかをまとめたのだとか。

そうしたら、職業柄、美容に関心の高い女優さんたちは、おおかたの予想に反して肌のトラブルを抱える人が多く、一番美しくて健康な肌をしているのは、修道院の尼僧たちだという結果が出たのだそうです。

その本の著者は、確かその結果を、こんなふうに読み解いていました。

「つまり、基本的に何の化粧品も使わず、化粧をしない女の肌が一番健康であるという結果だったのです。私は、この調査をした化粧品会社の人から直接聞きましたが、会社は、自分たちの商品を広告するにあたってあまり都合のよくないこの調査のことを、広く世に知らせることはできなかったのでしょう……」と続き、「ですから、私たちは、次々と新しくすすめられる製品を追いかけなければならない理由はどこにもないのです」と結論づけていたのです。
「肌は、本来何も必要としない」というのは、こうした話の延長として、よく語られることではあります。お化粧が肌の負担になるということも、今ではかなりあたりまえの知識となっていますね。

でも、私はそれを読んだとき、「ふうむ……」と腑《ふ》に落ちない気分で、少しばかり考え込んだものでした。というのは、この調査の結果が仮に事実であったとしても、修道女の方々の肌が美しい理由が、単に「化粧品を使わないことだけ」にあるとは思えなかったからです。

前にヨーロッパの修道院を訪ね、その日々の生活をほんの少しかいま見せていただいたとき、そこは私たちが住むせせわしない俗世から切り離された、心静かな別世界でした。

自家農園で有機栽培の穀物や野菜、くだものなどを育て、それを材料にした食事を日々とり、その料理法まで本にしているような修道院も少なくありません。

健康的な食べもの、早寝早起き、適度な運動と労働、心の平安、そうしたものがそろっている場所に暮らし、それを日々営々と守り続けていくことが日常生活そのものであれば、肌がきれいになるのも、さもありなんという気がします。

MY Garden

不摂生、不規則な生活、ストレスなどが肌によくないとすれば、修道院の壁の外、すなわち下界で気ぜわしく、悩める日々を送る私たちが、「お化粧をしなければ、それで修道女のように肌がきれいになれる」というシンプルな希望をにわかに持てるかといえば、ちょっと無理がありそうではありませんか。

それに、さまざまな化粧品が肌の負担になっているということに、ある程度の真理があったとしても、毎日、お化粧をまったくせずに過ごせる人は、そんなにいるわけではありません。

理想から程遠い環境で虐げられている肌に何をしてあげればいいのか、修道院に暮らさない私たちはどうすればいいのかしらと考えてみると、そうですね、少なくともこの調査の結果から、ひとつのことを学ぶことはできます。

「不摂生をせず、健康的で規則正しく心静かな生活をすれば、肌は本来、何もつけていないときが一番きれいで元気」だというのです。ならば、その理想的な状態のとき、素肌の表面が、実際にはどうなっているのか、そのつるつるすべすべの肌はどうやって生まれるのか、どうしたらその状態を保てるのかということを、まず知ってしまえばいいのではないでしょうか?

すなわち、「健康できれいな肌がどんな仕組みで保たれているのか」がわかれば、肌に「はりがない、つやがない」とき、それはいったい何が足りないからなのか、何を補ってやればいいのかが、迷うことなくわかるはずなのですから。

健康で美しい肌に絶対欠かせないものとは？

健康でつやのある、美しい肌にとって、どうしても必要なもの――。

それは、なんといっても、まず「水」と「オイル」なのですが、それはこういう理由《わけ》です。

そもそも、素肌がはりを見せ、つやつやに輝いているのは、皮膚の奥からのびている、「汗《かん》腺《せん》」と「皮《ひ》脂《し》腺《せん》」が、バランスを保ちながら、元気よくフル回転をしているときです。

そのとき、「汗腺」のもたらす「水分」と、皮膚の細胞組織に含まれている「水分」が「はり」を、「皮脂腺」のもたらす「油分」が「つや」を、肌に与えてくれます。

皮膚の「真皮」の部分から、「表皮」の表面までパイプのようにのびている「汗腺」は、読んで字のごとく、そこから汗という水分を出すところです。

ここは、からだの外の環境（湿度や温度）と、体内の環境のバランスをとりながら、からだの中の水分量や体温が、いつも望ましい状態にいられるようにとこまめに調節しています。

つまり、肌がみずみずしいときは、汗腺がその調節機能をちゃんと発揮してくれているおかげで、体内の水分量も保たれ、皮膚の表面の角質層にも、必要十分な水分がすみずみまで行きわたっているというわけです。

ただし、皮膚が十分な水分を含んでいたとしても、そこは、乾燥した空気と常に綱引きをしているわけですから、そのままでは、水分は空気中にどんどん蒸発してしまいます。

そこで、からだが自力で生みだすことのできる天然の油分ともいうべき「皮脂」が、「皮脂腺」を通って「毛孔《けあな》」から分泌され、皮膚の表面を薄くなめらかにおおって、肌の水分が空気中に失われてしまうことのないようにしてくれているのです。

つまり、肌に水分と油分が必要と言われるわけは、もともとこのように、皮膚の細胞組織に含まれていたり、汗として皮膚の表面を潤す「水」の成分と、皮脂という「油」の成分が、美しさを守っているからなのです。

＊なお、「セラミド」など「細胞間脂質」の成分については、329ページ〜のQ&Aをごらんください

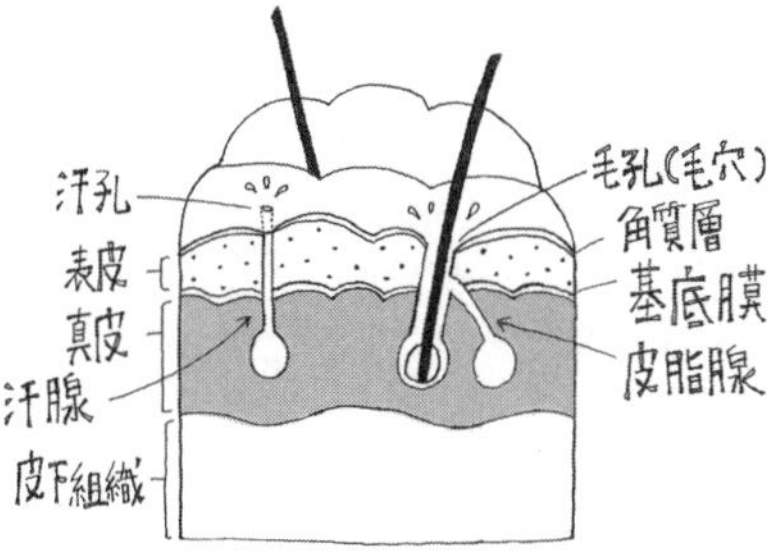

年齢や環境が肌の状態を左右する

　このようなことから、もしも、汗腺と皮脂腺の働きが絶好調で、からだの外の環境も理想的で申し分ない状態であれば、それこそ何もしなくても、肌は一日中ぴかぴかのぷるぷる。向かうところ敵なし状態でいられることでしょう。

　けれども、実際のところは、そんなに好条件がそろうことなど、めったにないのが現実です。汗腺や皮脂腺の働きは、体調や年齢にも大きく左右されます。

　寝不足や過労、ストレスで体調がいまひとつのときは、汗腺や皮脂腺の調子も鈍り、肌の状態を維持することができないこともあります。

　また、年齢について言えば、元気いっぱいな20代とくらべると、40代では、水分を閉じ込めてくれる「皮脂」の分泌量ははっきりと落ち、60代になると半分ぐらいしか分泌できなくなるのだとか。

　つまり、からだはぴんぴん元気なつもりであったとしても、年齢を重ねると、知らず知らず

1 まず、自分の肌を知る

のうちに、身体機能の衰えによって、皮脂量はだんだん減り、水分を保持してくれる「天然の肌の守り」は、薄くなったりまだらになったり……。

それが自然の道理とはいえ、かさかさの乾燥肌への道をたどるのは必定というわけです。

それから、からだの調子だけでなく、周りの環境がどうかということも、肌に直接、影響を及ぼします。強い陽射しや風ば、皮膚の表面からすごい勢いで水分を奪おうとします。

また、そのような自然環境でないとしても、冷房や暖房でカラカラになった空気の中に、一日座って仕事をしているだけで、肌にかかる負荷は十分過酷なのです。

乾燥した部屋の中で、ぬれた布巾《ふきん》がいつの間にか乾くのは、布巾の表面には水分の蒸発を防ぐ皮脂のようなカバーがないからです。

もし、あなたの肌の表面が、まんべんなくきれいに皮脂で守られていなければ、肌だって、同じ部屋の中で、布巾と同じように数時間でカラリと乾いてしまうというわけです。

健康で美しい肌に必要な、もうひとつの条件とは？

そこで、「肌をお手入れする」というとき、私たちがするべきことが何かは、もうおわかりでしょう。

「健康で美しい、理想的な肌の状態を再現すること」

それは、あくまでも、「自分の肌の状態と、自分が今いる状況をよく見て、自力では生み出すことのできない水分と油分（皮脂成分）を補う」ことにつきるのです。

それが必要で十分なお手入れのすべてであるとするならば、それ以上に、あれもこれもと、「よさそうなもの」をぬり重ねることは（それが、肌に必要な水分や皮脂成分と関係ないものだった場合）、かえって肌の負担になってしまうことが多いのです。

それからもう一点、肌の健康にとって欠かせない条件があります。

これについては次の章で詳しくお話ししますが、簡単に言うと、それは、「一日の終わりには、その日の汚れが、肌の上からきれいに落ちていなければならない」ということ。つまり、しっかりと汚れを落とすことです。

汚れといっても、肌に着いているのは、化粧品やほこり、煙など、外からの汚れだけではありません。からだがその日、肌のためにと分泌した汗や皮脂も、一日の終わりには空気に触れて酸化し、汚れとなります。

そのまま放っておくと、今度は逆に肌に負荷をかけることになってしまうのです。

こうした汗や皮脂の変化は、お化粧をせず、一日外へ出ないで排気ガスなどにさらされることなどなかった日でも、一定の時間がたてば、まぬがれることはできません。

ですから、一日の大事な役目を終え、空気に触れて酸化した古い皮脂は、その日の終わりにはきれいに洗い流さなくてはなりません。そうすることで、肌を守るための新鮮な皮脂成分が、また新たに分泌されて、元気な肌のサイクルが順調に回っていくのです。

Chapter 2

洗顔とは何か？

―肌にいい理想の「石けん」を求めて

はじまりは、オリーブオイルでのお化粧落とし

一日の肌の汚れを落とす洗顔。実は、ある種の石けんが、汚れを落とすだけでなく、「化粧水」と「美容オイル」の役割もしてくれるということをご存知ですか?

思い返してみると、私が自分なりに、このような「理想の洗顔料としての石けん」にたどりつくまでには、いくつかのきっかけがありました。

スキンケア用品のことを深く考えることもなく、洗顔料や化粧水も、一般的な市販品を使っていた頃のこと。大学卒業後、アメリカの大学で仕事をしながら数年を過ごし、その後、日本に戻ってから出版社で働き始めました。

アメリカにいるときは、私は職場でお化粧をすることはほとんどありませんでした。

同じ職場の女性たちも、仕事のあとのたまの社交的な集まりなどでは、メイクアップや香水に趣向をこらして、見違えるようなおしゃれをすることもあるのですが、昼間の仕事の時間か

ら、念入りにお化粧する人は、ほとんどいないのが普通だったのです。

ところが日本で会社に勤務することになってから、状況はかなり変わりました。

東京の街中で、アメリカにいたときのように日々スッピンというのは、いかにも「不思議な人」として浮いてしまいそうでしたから、「郷に入《い》っては郷に従え」というわけで、一応簡単にではあっても、毎日私もお化粧をして出かけるようになったのです。

帰宅後の洗顔で、毎日お化粧を落とさなければならなくなってみると、それまであまり深く考えずに使っていたチューブ入りの洗顔料では、いくら「二度洗いでお化粧落としもできます」と言われていたものでも、なんだかきれいに汚れが落ちていないような気が漠然とし始めました。洗顔後の顔をさわりながら、「どうも洗ったあと、すっきりとはいかないなあ、なんとなくそのうち、にきびみたいなものが出てきそう……」などと思い始めてから数日たったある日、うっかりそのチューブ入りの洗顔料を歯磨きとまちがえて歯をみがいてしまいました。

その異様な味に「うわー、これはかなわない!」と、ふと気になってラベルに書かれている材料名をながめると、なんだかよくわからないカタカナと漢字まじりのややこしい成分の名がずらずらと並んでいます。うっかり口に入れてしまったこともあって、なんとなくそれを使い続ける気がしなくなってしまいました。

では、お化粧落としに何を使ったらいいのか?

クレンジングクリームというものを、やっぱり試してみるべきなのかしら?

ちょっと考えて思い出したのは、アメリカにいたとき、友人の洗面所のキャビネットに入っていたエキストラバージンオリーブオイル（精製していない純粋な一番搾りのオイル）の小びんでした。確か彼女は台所のボトルから小さなびんに取り分けたそのオリーブオイルと石けん洗顔だけで、たまのお化粧のあとのクレンジングをするのだと言っていました。

「クレンジングクリームを使うより、ずっと肌に合うし簡単なの。しかも経済的!」と笑っていましたっけ。それにオリーブオイルなら、うっかり口に入っても大丈夫でしょうし、身元が確かで安心感があります。

そこで、キッチンにあったバージンオリーブオイルを顔にぬりのばし、お化粧を浮かせ、お風呂場にあった普通の浴用石けんで洗顔をしてみました。するとすっきり汚れが落ちている感じがする上に、石けん洗顔のあとにくるのでは、と覚悟していた肌のかさつきもありません。浴用石けんで顔を洗うと、あとが乾燥して大変だと思っていたのですが、オリーブオイルをぬったあとでそれを洗い落とすのに使うと、それほどひどいつっぱりもありません。少なくとも、全体としての使い心地は、それまで使っていた洗顔料よりはいい感じ!

気をよくして、さっそく小さなガラスの化粧びんにオリーブオイルを取り分け、しばらくは、そのやり方で洗顔を続けることにしました。

2 洗顔とは何か？ ——肌にいい理想の「石けん」を求めて

オリーブオイル72%の「マルセイユ石けん」との出会い

そんなある日、従来の石けん好きの虫がうずいて取り寄せた、フランスのあるメーカーの「マルセイユ石けん」のどっしりと重たい包みが届きました。

「マルセイユ石けん」とは、本来は、何百年も昔からフランスのマルセイユで作られてきた「オリーブオイル72%」の石けんのことです。

実は「マルセイユ石けん」という商品名で「72%」の刻印があっても、オリーブオイルなどまったく使っていないか、あるいは使っていてもほんの少しといった製品は、ずいぶんあります。材料が「植物油」となっていたりすると、それはたいていヤシ油やパーム油が主原料で、本来の「マルセイユ石けん」ではありません。

ですから今では、「マルセイユ」と一口でいっても玉石混淆《ぎょくせきこんこう》なのが実情です。

でもこのときは、先ほどお話ししたように、オリーブオイルのクレンジングがとても具合がよかったという実感があってのことでしたので、オリーブオイルが主原料という伝統的な作りの石けんを、洗顔料として一度試してみようと思ったのです。

大きな固まりをまな板にのせ、好きなサイズにナイフでざっくりと切り取って、いざ洗顔。

すると……その柔らかな使い心地は、当時の私にとっては、まったく初めての感触で、びっくりするようなものでした。

「え？　同じ石けんなのに、今まで使ってきた石けんとどうしてこうも違うの!?」

つっぱらないいし、化粧水だってあまりいらないかも、と思えるくらいだったのです。

このとき、洗い上がりの肌の感触に心底驚き、「オリーブオイルには何かがある。何だろう？」という好奇心を大きく揺さぶられることになりました。

実際に自分で石けんを作ってみようと決心するまでには、もう少しいろいろなことがあったのですが、それでも今から思えば、このときの驚きがその後、「オイルの世界」への扉を開いて探検を始めることにつながったのです。

何はともあれ今は昔、石けんを手作りしようと私が考え始めたとき、第一にめざしたのは、子どものときから集めていた石けんのように、形や色がおもしろいものを作りたいということではなく、何よりもまず「肌にいい石けんを作りたい」ということでした。

使う材料や製法によって、まるで料理のおいしさが変わってしまうように、石けんやその他のボディケア用品にも、肌を自然と喜ばせることができるものとそうでないものがあるらしい。

今まで化粧品の材料にはずいぶん無頓着だったけど、「スキンケア用品」も「食べもの」と同じで毎日のことだとすれば、材料や製法が、とても大事なのかもしれないと思ったわけです。

そんなふうに気づいたことで、ボディケア用品を自分で作るのなら、とにかく市販のものには求めることのできない効果と使い心地のもの、そして安心で気持ちの休まるものにしよう、と考えました。

そして石けんなら、あのフランスの「マルセイユ石けん」を超える品質のものを作りたいと思うようになりました。だって、同じぐらいのものなら、わざわざ作らなくても買えばいいのですから。

家で日常的に使いたいスキンケア用品に、自分が望むはっきりとした質の基準が、この段階で生まれていたのだと思います。

石けんは、汚れを落とすだけのものではなかった⁉

「肌にとっていい石けんを作りたい」のですから、まず、石けんとはどんな働きをするべきものなのか、という根本的なところを考えてみることにしました。

いろいろと調べるまでもなく、「石けんは汚れを洗い流すもの」であって、「スキンケアは、化粧水や乳液、美容クリームなどでする」というのが、当時の（今でも、もしかするとかなりの方にとっての）常識でした。

美容専門家やいろいろな皮膚科のお医者様がおっしゃることを読んだり聞いたりしても、「汚れを洗い流すこと」以上に、石けんをはじめとする洗浄剤に、スキンケアなどのような特別な機能を求めている人の声を聞くことはありませんでした。

「だって石けんは、汚れといっしょに水で洗い流して落としてしまうものなのだから、それでスキンケアなんてできっこないでしょ？」というのが、普通の認識だったのです。

でも、そんなこんなを考えていたある日、外出先で、備え付けてあった市販のごく一般的な固形の化粧石けんを使って手を洗ったときのことです。

泡のついた両手をすすぎ、水を止め、ハンカチでぬれた手をふき、それをバッグにしまおうとしたそのとき。動かした手の表面から香ってきた強い花の香料の香りに、私ははっとしたのです。

「石けんの成分がすっかり水で洗い落とされてしまうのだとしたら、なぜこんなふうに、洗ったあとの手から石けんの香りがするのだろう？」

もしかしたら、流し足りなかったのかしら、などと考えながら、私はもう一度、今度はお湯を使って、よくよく手をすすぎました。そして、鼻を近づけてくんくん。いえいえ、まだ手の表面には石けんの香りがしっかり残っています。なぜか次第に胸がどきどきし始めるのを感じながら、蛇口をひねってさらにもう一度ばしゃばしゃ……。

でも、もうそのとき、洗面台で水を受ける自分の両手を見つつ、私の頭の中にはひとつの考えがひらめいていました。

「こんな簡単なことに、なぜ今まで気がつかなかったのだろう？　洗浄剤は、水で洗い流したあとでも、肌の上にしっかり残っているんだ！　汚れを落としたあとでも、石けんの成分は完全には落ちないということなのね」

そう、ちょっとあらためて普段の生活をかえりみれば、こんなことは、ほんとうにあたりまえのことなのです。

皆さんもすでにお気づきかもしれませんが、手を洗ったときのことだけでなく、シャンプーをしたときのことを思い出してみてください。洗髪したあと、どんなに念入りにお湯で髪をすすいだところで、バスタオルで水気をとった髪や頭皮からは、必ず、シャンプー剤やリンス剤のにおいがしますよね。

「石けんの香りがする男の子」が清潔感あふれて好ましく、「シャンプーの香りが髪といっしょに風になびく女の子」がすてきというのも、ずいぶん古くからできあがったイメージです。それほど昔から、「残り香」というのはなじみのあることばだったのに、「香水や化粧品、洗浄剤などの香料は、アルコール、オイル、界面活性剤《かいめんかっせいざい》などのベースに溶け込ませて使われているのだから、香りが残るということは、それが溶け込んでいるベースの成分も残っているのだ」ということに、そのときまでは思いいたらなかったのです。

どんなに水で洗い流したあとも、香料の溶け込んだ洗浄剤が素肌や髪の上に薄い膜となって残るということは、体験上こんなにはっきりしているのに、美容関連の書物などで、「石けんや洗顔料は、汚れとともにきれいにすべて洗い流しましょう。そうして肌をきれいにしてさっぱりしたあとに、化粧品でスキンケアをしましょう」と言われると、私もあっさり、「ふむ、ふむ、そうなのか」とうなずきそうになっていたというわけです。

「肌が欲しがる膜」を石けんの材料に

いったんこのことに気づくと、いろいろなことがすんなりと見えてきました。

「自分に合う洗顔料がなくて困っているの。かさかさするだけじゃなくて、なぜかかぶれちゃうものが多くって」とため息をつく人。

「皮膚の弱い子どもが使える石けんがなくて、次々と市販のものを買い替えている」と言う人。

そんな人たちがたくさんいますが、もしかするとそれは、石けんをはじめとする洗浄剤の中に、その人たちの肌と相性のよくない成分が入っていて、それが肌の上にずっとのっているからでは？　と考えるようになりました。

もし洗浄剤が、洗えばすぐに汚れといっしょにすっかり落ちてしまうものだとしたら、洗顔料で肌がトラブルを起こし、「自分に合う石けん、洗顔料」を探しまわって苦労している人がこんなにたくさんいるのは、おかしいのでは？　という疑問も浮かんできました。

洗浄剤は、どうしても完全には洗い流してしまえないものだからこそ、肌に悪さをするものを含んでいてはいけないのではないかとも思ったわけです。

そして、「石けんの成分は、水で洗い流したあとでも素肌の上に薄い膜となってのる」と気づいたときに、一歩踏み込んで考えたことがあります。

「素肌の上にのる薄い膜」といえば、連想するのは、まさに肌が生み出す油分、つまり「皮脂」のことです。もしも、洗浄剤が皮膚の上にどうしても残るものであれば、材料を工夫して、洗浄剤である石けんの成分を、あえて健康な皮脂の成分に近づけたらどうだろう?

石けんの材料は、まず油脂＝「オイル」です。

もしたくさんあるオイルの中でも、できあがった石けんに含まれる成分が、私たちの肌が本来持っている皮脂の成分に近くなるように材料を選んで作れば、その石けんを使うことで、汚れを落としたあと、「肌が欲しがる成分を含んだ膜」を残すことができるはずです。

実は、洗顔してお化粧や酸化した皮脂などの汚れを落としたあと、肌はすぐに自力で新鮮な皮脂を生み出すことができるわけではありません。

肌のコンディションや質、季節によっても差がありますが、自力で、十分な皮脂をまんべんなくなめらかに生み出すまでには、健康なときでも30分から2時間ぐらいかかると言われています。

洗顔のあとの、そんな無防備で乾燥の危険にさらされた状態の素肌に、天然の皮脂の成分に近い膜を、自然に残すことができるとしたら、それは何よりのスキンケアではないだろうか？そして、もしそれでもまだ追いつかないというときにこそ、初めて化粧水や美容オイル、美容クリームを使えばいいのでは？

というふうに、あれこれと考え、皮脂の成分について調べていくうちに、「オリーブオイル」を主な材料とした「マルセイユ石けん」の使い心地があんなによかったわけがはっきりとわかってきたのです。

スキンケア効果を高めた、安心で上質な石けんを

つまり、それはこういうことです。

オリーブオイルの特徴は、保湿成分である「オレイン酸」という脂肪酸をたっぷりと含み、さらに、他のオイルにはなかなか含まれていない「スクワレン」という保湿成分を含んでいること。そしてこのふたつは、まさに、私たちの肌にある「皮脂」の重要な構成要素だったのです（第3章を参照）。

オリーブオイルを主原料にした「マルセイユ石けん」で洗顔したとき、洗い流したあとでも、皮脂の成分である「オレイン酸」と「スクワレン」を含んだ膜が、肌の上にうっすらとのっていたからこそ、つっぱることもなく、快適な使い心地を楽しむことができたのです。

そこで私はまず、「オリーブ石けん」「マルセイユ石けん」といった、オリーブオイルを主体とした石けんを作ることにしました。

また、これらの石けんの本家ともいえるヨーロッパは、全般に硬水のため、石けんの泡立ち

がよくありません。そこで、石けんの泡立ちをよくするために、肌にはあまりマイルドでないオイルでも多めに配合しなくてはいけないという制約があります。

つまり、石けんの本場であるヨーロッパでは、肌のためだけを考えた配合が不可能なのに、軟水で、水のいい日本にいるからこそ、それができるということにも気づいたのです。

そこでまず、日本の軟らかな水の性質に合わせて、石けんの材料となるオイルや「苛性《かせい》ソーダ」と言われるものの配合の分量を工夫する。高熱で材料を処理せず、低温でじっくりと時間をかけて石けんができあがるのを待つ方法を取る（「コールドプロセス法」と言います）。

また、水分を引きつける性質のある保湿成分、「グリセリン」（86ページ参照）をたっぷりと含んだものにする。

さらに、オリーブオイルも工業用のものでなく、熱をかけずに搾《しぼ》った（「コールドプレス」と言います）食用グレードのものを使うなど、外国産の、どの「マルセイユ石けん」よりも、もっと肌にマイルドに仕上げるために、手作りならではの方法をどんどん試していきました。

そうした「肌のための改良」を加えることで、通常の市販の石けんにくらべるとずいぶんと柔らかくて、とろりと溶けやすい石けん（これは、洗浄成分だけでなく、保湿成分が多いということなのです）になっていきましたが、とにかく「肌にやさしい」という意味で理想の石けんを追求することを最優先として、作り込んでいくことになったのです。

そのうちに、オリーブオイルに含まれている「オレイン酸」や「スクワレン」以外の、肌にいい皮脂成分も、他のオイルを足すことで取り入れられることがわかってきましたので、そんな成分を含むオイルをブレンドして、もっとスキンケア効果を高めた洗顔石けんを作る方法もいろいろと考えました。

そうして作った試作品を、家族や友人たちに試してもらったところ、

「確かに肌がつるつるして、保湿成分が残っているような気がする。洗う前よりも洗ったあとのほうが潤う感じよ！」

「お風呂上がりに、しばらくそのままでいても、お肌がカサカサしないのは驚きね」

といったうれしい反応が続々。

ほかのどんな基礎化粧品よりも、素肌に一番先にのる石けんの質を自分で選ぶことこそが、スキンケアの第一歩だということを、みんな肌で実感してくれたのでした。

読者の声から生まれた「お風呂の愉《たの》しみマルセイユ石けん」

そんな「スキンケア機能」を持った洗顔、浴用の上質な石けんは、作ろうと思えば、誰でも簡単に自分で作ることができるのですが、この本では、「石けん」のことだけではなく、主に「化粧水」や「美容オイル」「美容クリーム」のお話をしますので、「石けん」の詳しい作り方には触れていません。もし「石けんを自分で作ってみたい！」と作り方に興味がおありの方は、『お風呂の愉《たの》しみ』『オリーブ石けん、マルセイユ石けんを作る――「お風呂の愉《たの》しみ」テキストブック』などで詳しい解説をごらんいただければと思います。

それから、手作りしたくてもさまざまな事情でどうしてもできないので、できあがった石けんを何とか手に入れられるようにしてほしいという読者の皆さまの声に応えて、長年、無添加の石けんを製造してきた太陽油脂株式会社が、私のレシピと手作りの手法を忠実に取り入れた完成品として、２００２年に「お風呂の愉《たの》しみマルセイユ石けん」という石けんを作ってくださいました（のちに、前の本で紹介した「最高に贅沢《ぜいたく》な石けん」も、「５つのオイルの石けん」

として製品化)。

配合や作り方の手順が本ではっきり示されているとはいえ、家庭で作るのと、まったく同じというわけにはいきませんから、レシピ通りのタネの温度管理をしながら、工場で安定して手作り製法を実現するための特別な低温釜や、温度や湿度が一定の乾燥室などの設備を新たに整えていただくことになりました。原料のオイル自体の選択から微妙な調整まで、納得できるものに仕上げるために、何度も現場の方々と検討や試作を重ねました。

たとえば、原料のひとつであるパーム油自体をいく種類かブレンドして、手作り石けん用の理想的なパーム油を新しく作り出すところまで、いっしょにご苦労していただくこととなりました。これは、どこまでも妥協のない製品に仕上げたいという思いにあふれた希有な現場の方々にめぐり合えたからこそ可能であった、幸せな成りゆきだったと思っています。

毎日直接からだに触れるスキンケア用品を選択していく立場からすると、材料や製法がよくわからないというのは実はとても不安なことです。そもそも私がボディケア用品の手作りを始めたのも、まさにその不安を解消したいという思いがあったことが大きな理由のひとつだったのです(同社では、ホームページでこの石けんの製造工程を公開しています。アドレスは368ページ参照)。

考えてみれば私自身、いつどんなことで、日々使う石けんを自分では作ることができなくなってしまうかもしれません。そんなときに、材料や製法が明らかで、信頼できるほかの誰かがきちんと作ってくださったものを手に入れることができるというのはどんなに心強いことでしょう。こうした安心感をいただけたことをほんとうにありがたく思っています。

もちろん、この石けんにかぎらず、洗顔料として、今では、ほんとうにいろいろなものが手に入ります。何を選んで使うにしても、大事なことは、化粧水よりも上にぬるクリームよりも先に、まず洗浄剤が素肌に残るのだということ。だからこそ、自分の肌を知り、肌が求めているものを探し当て、いやがるものを避けることが大切です。

ですから、石けんや洗顔料を選ぶときには、材料や成分、よい成分を壊さない製法で作られているかなどを、しっかりとチェックしましょう。まずはそれが、気持ちのいい安心なスキンケアの始まりなのかもしれないのですから。

Chapter 3

美しい肌に必要なものⅠ
――「水」と「オイル」

おいしいパスタときれいな肌の「関係」

美しい肌を保つために、絶対に必要なのが「水」と「オイル」だということは、前の章で簡単にお話ししました。

そして私が、保湿成分をたっぷり含んだ「上質な石けんで洗顔する」ことを、スキンケアの第一のステップにしていることも、簡単にご紹介しました。

保湿成分たっぷりの、自家製洗顔石けんを使っているかぎり、私の場合、比較的湿度の高い夏などは、洗顔後は洗いっぱなしで、保湿のためには、そのまま何も使わないことがほとんどです。

でも、私は今、40代で、幸い体調もいいからこうなのかもしれませんが、60代後半の母の場合は、さすがに、この石けんのほかに、化粧水と少しのオイルかクリームが必要なようです。

私もきっと年を重ねるにつれ、肌の状態は、だんだん変わっていくのに違いありません。

また私は、泊まりの旅行のときには、いつでも自家製の石けんを持っていくのですが、それをうっかり忘れて、ホテルに備え付けの石けんで洗顔しなければならない、というようなことがあると、やはり夏でも洗いっぱなしというわけにはいきません。

このように、「上質な石けん」で洗顔できないとき、あるいはそんな石けんを使ってもまだ乾燥してしまうときには、どうすればいいのでしょうか。

そんなとき私は、こんなふうにイメージしながら、「水」（化粧水）と「オイル」（美容オイル）でスキンケアをするようにしています。

まず、お風呂で、顔やからだや髪をきれいに洗ってから、ゆっくり湯船につかり、ほかほかに温まって、バスルームから出ます。

バスタオルで、ぬれたからだや髪の水分をさっととって、ローブを羽織り、「さてと」と鏡を見ながら、化粧水のびんに手を伸ばします。

このとき、ぴかぴかの肌にするために、よく私が思い浮かべるのは、つるつるしこしこに仕上がって湯気をたてているおいしそうなスパゲッティなのです。

お風呂上がりに、なぜまたパスタだなんて……？　と思われるかもしれません。

それは、お風呂上がりの肌に「はり」と「つや」が出るように手入れをするのと、パスタを歯ごたえよくぴかぴかに仕上げるのには、「水」と「オイル」の扱い方に、共通したコツがあるからなのです。

al dente
OLIVE OIL

そう、短時間に仕上がりの状態とタイミングをみながら、リズムよく動作を進める感じが、とっても似ているからです。

とにかく、お風呂から上がりたての肌、鍋《なべ》から出たてのパスタを前に、もたもたしているわけにはいきません。お風呂の中ではどんなにのんびりしていたとしても、バスルームを出てから、化粧水と美容オイルをつけ終わるまでの数分間の動作だけは、機敏第一を心がけます。電光石火でパスタの湯切りをして、オイルやソースで処理をし、皿にのせるまでをイメージしながら、化粧水や美容オイルを扱うのです。

つまり、「せっかく楽しみにゆでたパスタが、だらりと仕上がってしまってはがっかり！絶対においしく仕上げるぞー」と思うときの執念（？）をこのとき思い起こすわけなのです。

パスタを歯ごたえよく仕上げるには、まず、長時間ゆですぎないことと言われますが、ここでお話ししたいのは、ゆで時間よりもそのあとの工程のことです。

パスタの断面を考えたとき、中心部分にほんの少し芯《しん》を残す（この状態が「アルデンテ」と呼ばれていますね）以外は、表面まで水分がいっぱいに含まれている状態こそが、ぴちぴちパスタがゆであがる頃合いです。

ゆであがったパスタをざるにあげて、上下に何度もゆすって念入りに湯を切るのは禁物！なぜなら、パスタをつるつるしこしこと弾力たっぷりの歯ごたえで食べさせてくれるのは、ほかでもないパスタに含まれている「水分」だからなのです。

もし、「パスタはオイルでつるつるするんじゃないの？」と思われるなら、ためしに、ちょうどゆで頃のあつあつのパスタを鍋から直接すくいあげて、表面がまだぬれている間に、そのままひとくちほおばってみてください。オイルやパスタソースなどまぶしていなくても、そのつるつるぴちぴちの歯ごたえだけで、すばらしくおいしくて、止まらなくなるはずです。

お風呂場から出たとき、それまで温かな湯気に気持ちよく包まれていた肌は、表面の角質の部分まで、たっぷりとみずみずしく水分を含んでいます。このときの肌は、鍋から出たてのパスタと同じで、一番ぴちぴちとした状態なんですね。

このお風呂上がり直後の状態をずっと保っていられるなら、言うことはないのですが、水分の蒸発を防いでいた皮脂の膜を洗い流してしまっているので（新しい皮脂に代わる成分を含んだ上質な石けんなどの薄膜が残っていないかぎり）、そのままでは肌の水分がどんどん空気中に逃げていってしまいます。そして短時間に、肌は弾力を失ってしまうわけです。

実際、肌にたっぷりの水分さえ含まれていれば、それを閉じ込めるための美容オイルやクリームなどは、ほんの少しで足ります。しかも、美容オイルやクリームもとてものびがよく、なじみやすくなるのです。

パスタをおいしく仕上げるためには、とにかく、さっと湯を切ったら「いかに手ばやく、タイミングよく、適量のオイルやオイルを含んだソースで、蒸発してしまう前に水分を閉じ込めるか」がポイント。

おいしいパスタの仕上げの感覚がつかめるなら、お風呂上がりの顔も、つるつるぴかぴかに輝くことはまちがいありません。

もし、お風呂から上がって、どんなにすばやく化粧水や美容オイルをつけているつもりでも、顔がどんどん乾燥していく感じがあるなら、お風呂場に化粧水と美容オイルを備えつけておくか、お風呂場に持って入ることをおすすめします。

湯気が充満しているお風呂場で、先に化粧水と美容オイルを顔にぬりのばしてから外へ出れば、ぷるぷるの肌のまま、ゆったりと身づくろいができます。

美しい肌を守る湿度は40〜60％

ご存知のように、肌の乾燥の状態は、湿度にも直接影響を受けます。

当然のことながら、自分が長く時間を過ごす部屋の空気の湿度がどのぐらいかということが、もろに肌の状態に作用するのです。

昼間は、いろいろな場所へ移動することが多いにしても、特に夜、寝ながら数時間を過ごす寝室の空気がカラカラだとしたら、それは肌にとっては大変な負担です。

「冬の朝は特にね、目が覚めたら、のどはひりひり、顔はばりばり、くちびるなんて皮がむけたり割れたりして血が出ることもあるのよ。どうしよう……」と悩んでいた友人がいました。

「部屋の湿度はどのぐらいなの？」と聞くと、「湿度？」と目を丸くしています。

「知らないわ。湿度なんて、測ったことなかったもの……」

私が、時計と同じ感覚で、家の中のほとんどの部屋に温度計と湿度計を置いていること、そして、「今、何時だろう？」と時計を見るのと同じような感じで、ちょいちょい湿度計を見ていることを話すと、「へえーっ」と驚かれてしまいました。

部屋の湿度が、50％を中心に、40％～60％の間にあるとき、からだは最も快適でいられます。そして、その範囲をずれていくと、途端にいろいろな（中でも肌にとっての）居心地の悪さが始まります。実はそのことを知り、ちょっと意識の片隅にとめておくだけで、日常の部屋の居心地がぐっと違ってくるのです。

部屋の湿度が40％以下になると、肌の乾燥を実感するようになります。

30％以下が何時間も続くと、人によっては、肌がひりひりし始めるぐらいの乾燥具合です。これでは、どんなに保湿成分が豊かだという高価な化粧水や美容クリームを使ったところで、肌の乾燥を止めることは不可能でしょう。

逆に、湿度が70％を超えると、むしむしじんわりとした湿気を肌に感じ始めます。肌にとっては、乾燥にくらべるとそんなに厳しい状態ではないのですが、汗が蒸発しにくくなり、えりの後ろ側やそで口などの、衣服の汚れが目立ち始めます。また、部屋の中で、かびなどの心配もしなければならなくなってきます。

湿度計を見て、「あ、35％だ、ちょっと低すぎるから40％まで湿度を上げよう」と思ったときには、部屋の中の植物の鉢に水をやったり、仕事の合間にお茶をいれがてら、しばらくやかんを火にかけて蒸気を出したり、部屋の中のタオルラックにぬれタオルをかけたりすれば調節できます。

でも、そんなことは面倒だということでしたら、頃合いを見て加湿器を使うのでも、もちろんいいのです。

逆に、梅雨時でじめじめしていて、湿度計を見たら案の定、「わあ、80%突破。このまま雨が降り続いたら100%になるかも」というようなときでしたら、エアコンの除湿機能を使うか、除湿器を使うか……。

もっと自然にやりたいという方なら、特に湿気の多いところに炭をたくさん置くなどの方法もありますし、部屋の植物の鉢も、湿度が高すぎる場合は自然と湿気を吸い取ってくれます。

鉢植えの植物は、部屋の雰囲気作りだけでなく、除湿も加湿も助けてくれますから、楽しんで育てながら、湿度計を意識しつつ、水やりのタイミングをはかって部屋の環境のためにも使いこなせれば、部屋の居心地をアップさせるには、とても大きな味方です。

少しだけ意識して、ちょいちょいと調節するだけで、家中どの部屋も40%から60%の間に保つというのは、慣れてしまえば、思いのほか、簡単にできるものなのです。

それだけでからだは快適、肌はすべすべ、部屋の中はかび知らずで掃除も楽、となれば、いいことずくめではありませんか?

というようなことを言って、家にある湿度計をひとつ貸してあげるから、寝室において、明日の朝、湿度が何％になっているか見てみたら？　と言ったところ、友人は「うーん、本当にうまくいくのかな？」というような顔をしながら、でもなんだか興味津々といった感じで楽しそうに帰っていきました。

で、その翌朝、さっそくメールがありました。

「湿度計を見たら22％！　くちびるも切れるはずですね。本日すぐに加湿器を買いに走ります」

それから数日後、さらに報告がありました。

「湿度が40％を超えただけで、まるで肌の状態が違います。朝起きたら、つるつるすべすべだ！　うそみたい。化粧品で悩む前に、湿度計を買えばよかった！」

あはは、まったくそのとおり！　と私も思ったのでした。

これだけは知っておきたい「皮脂」の成分

さて、肌のコンディションにとって、「水」がどんなに大切かというお話をさんざんしてきましたから、こんどは「オイル」の話に入りましょう。

第2章で、手作り石けんの材料は私の場合、スキンケア効果を求めて、「皮脂の成分」を念頭に考えているというお話をしました。

肌に必要な「油分」を補うための「美容オイル」「美容クリーム」の場合も、どんな材料や成分が望ましいかについて、実はまったく同じ考え方をしています。

最終的な目的は、「いかに健康的な自然の皮脂に近い形で、肌の上に保湿膜を作れるか」ということです。そのためには、自分の肌のコンディションに応じて、どんな種類のオイルを選んで使うべきかがポイントになります。

そもそも、私たちの肌が健康なとき、バランスよく分泌されるはずの「皮脂」にはどんな成分が含まれているのかといいますと、その中身は、「スクワレン」「ロウ」「脂肪酸」「トリグリセリド」（グリセリン＋3つの脂肪酸）「モノグリセリド」（グリセリン＋1つの脂肪酸）「ジグリセリド」（グリセリン＋2つの脂肪酸）「コレステロールエステル」「コレステロール」などです。

その中で主成分であり、私たちがきれいな肌を作るスキンケアをコントロールするために特に知っておいたほうがいいのは、

● **スクワレン**
● **ロウ**
● **脂肪酸**

の3つの成分です（グリセリンについては86ページ参照）。

これらの成分のことがある程度わかれば、オイルを使っていくうちに、自分に足りない成分がよくわかるようになってきます。

皮脂の成分

スクワレン	10%	モノグリセリド、ジグリセリド	10%
ロウ	22%	コレステロールエステル	2.5%
脂肪酸	25%	コレステロール	1.5%
トリグリセリド	25%	その他	4%

スクワレン

「スクワレン」は、皮脂の中に含まれている、代表的な保湿成分のひとつです。

皮脂の中の約10％は、スクワレンであると言われています。

化粧品やサプリメントの材料としてのスクワレンは、動物性のものは深海鮫《ざめ》の肝臓から作られ、植物性のものはオリーブオイルから作られています。

数多い植物性オイルの中でほとんど唯一、スクワレンを豊富に含むということが、オリーブオイルの最大の特徴と言えるでしょう。これが、スキンケアのための石けんの材料として、私がオリーブオイルを最も大事な材料のひとつとしている理由でもあります。

深海鮫やオリーブオイルからスクワレンを抽出し、それを化学的に安定させたものが「スクワランオイル」（「スクワラン」については、341ページ参照）として市販されたり、化粧品の材料として加えられたりしていますが、天然のオリーブオイルを素材としてそのままスキンケアに使えば、スクワレンの保湿効果を自然な形で取り入れることができます。

ロウ

これも、皮脂の中に含まれる保湿成分で、皮脂の約22％を占める大事な構成要素です。肌をすべすべとさせ、摩擦や寒風などの刺激から皮膚を保護する大切な役目をしています。

ホホバオイルやみつろうなどに多く含まれています。

みつろうは、ミツバチが巣の中で分泌するロウで、ギリシャ、ローマの時代から、軟膏《なんこう》やクリームの材料として使われています。肌をしっかりとカバーして保護する力がありますが、融点（溶ける温度）が60度以上で、体温ではなかなか溶けにくいため、皮脂腺や汗腺の上にのると重すぎて、その分泌を妨げることもあるということが最近では言われています。

実際のところ、みつろうの使い心地を重く感じることが自分の体験でも多かったこともあり、ホホバオイルが日本で手に入りやすくなってからは、私はスキンケアのためにロウ成分を取り入れたいときには、北米産の植物であるホホバの実を搾《しぼ》って作られた、ホホバオイルを使うことがとても多くなりました。

ホホバオイルは液体のロウで、肌の上にのっても、皮脂腺や、汗腺の活動を一切さまたげません。

脂肪酸

さて、皮脂の構成成分の中でも重要な部分を占める「脂肪酸」ですが、どんな脂肪酸をどんな割合でからだに取り入れるかが、健康的な美しい肌を作る上で、大きな影響を及ぼすということが、最近は注目されています。脂肪酸とは、油（オイル＝グリセリンと3つの脂肪酸が結びついたもの）の主な成分ですが、自然界には300種類以上あると言われています。けれども、私たちのからだや肌の健康にとって大切な意味を持つ脂肪酸の数は、そんなに多いわけではありません。その中で、特に肌の健康に大きな意味を持っていて、普段のスキンケアに取り入れやすい脂肪酸である、

- **オレイン酸**（皮脂の成分）
- **パルミトレイン酸**（皮脂の成分）
- **リノール酸とリノレン酸**（からだが生み出せない必須脂肪酸）

をとりあげて、ご説明しましょう。

オレイン酸

肌の乾燥を防ぐために、第一に必要な保湿成分

「オレイン酸」は、皮脂に含まれる脂肪酸中約20％を構成する大事な要素のひとつで、保湿成分の大きな柱です。

これが足りなくなると、肌の乾燥や、かさかさを避けることはできませんし、たいていの乾性肌の方にとって、まず第一に必要となることが多い脂肪酸のひとつです。

大変粘度のある、豊かでこってりとした保湿力の源です。

また、オレイン酸は、肌の常在菌《じょうざいきん》（常に肌に存在している菌）の繁殖を助けるのではないかとも言われています。肌の健康を保つために、常在菌の繁殖は必要なことです。

ただし、皮脂の分泌が過剰なにきび性の方の場合、すでに必要量以上のオレイン酸が肌にのっている場合があります。そんな方の場合には、オレイン酸をさらにつけすぎると、にきびを悪化させる種類の菌の繁殖をも助ける結果となることがありますので、注意が必要です。

にきびは気になるけれど、保湿が欲しい方の場合は、リノール酸、リノレン酸やロウを多く含んだオイルを試してみるといいでしょう。

オレイン酸は、椿油、欧州産ヘーゼルナッツ油、オリーブオイル、スイートアーモンド油、アボカド油、マカデミアナッツ油などに特に多く含まれています。

パルミトレイン酸
老化による「しわ」や「しみ」、傷、肌荒れ対策に不可欠

「パルミトレイン酸」も、やはり皮脂の中に含まれる大事な脂肪酸で、新しい皮膚の細胞が生まれるときに欠かせない材料であると言われています。皮脂の脂肪酸中、約12％を占めるとされています。

ほかの脂肪酸とくらべて、30歳を過ぎると、時間とともに分泌量がどんどん減っていくために、皮膚の老化に大きく関係していると考えられています。

つまり、パルミトレイン酸の分泌が減っていくと皮膚は弾力性を失い、乾燥が進み、「しわ」が増えていくというわけです。

また、「しわ」ができたとき、あるいは肌荒れやにきび、傷など、目に見えるどんな肌のトラブルの回復にも、このパルミトレイン酸が鍵《かぎ》となります。

しみなどが消えて肌がきれいになっていくときは、消しゴムで消すように、地の上にのった

汚れが消えていくわけではありません。新しい健康な肌が生み出され、傷んだ古い肌に代わっていくことで回復していきます。

そのことを理解すると、あらゆる肌のトラブルにとって、新しい肌を生み出すのに不可欠なこの脂肪酸が、どんなに大事な役割を持っているかがわかります。

パルミトレイン酸は、南米産ヘーゼルナッツ油、マカデミアナッツ油、馬油《ばあゆ》、アボカド油などに含まれています。

この脂肪酸を多く含んだオイルは、オレイン酸主体のものよりは、若干軽いつけ心地ではありますが、やはり豊かでしっかりとした保湿力を持っています。

リノール酸とリノレン酸

からだでは生み出すことができない大事な脂肪酸

「リノール酸」と「リノレン酸」は、脂肪酸の中でも「必須脂肪酸」という名称でグループ分けされていて、からだの健康や美しい肌にとって、とても大切な脂肪酸です。

必須脂肪酸というのは、からだが自分で生み出すことはできないけれど、健康な状態を保ち、からだのコンディションを調整するのに不可欠で、そのためには、どうしても外から補給しなければならない脂肪酸のことです。

特にリノレン酸については、最近の一般的な食生活で、このことを意識せずにいると、知らず知らすのうちに不足してしまい、からだや肌の思わぬ不調を招く結果となっていることが多いと言われています。

リノール酸

皮膚の水分を保つ角質層のバリア機能と深く関わっていたり、皮脂腺の増殖を助けるなど、皮膚の健康にはとても大事な脂肪酸だと言われています。

リノール酸を多く含むオイルには、肌につけたとき、保湿効果がありますが、オレイン酸を多く含むオイルにくらべると、のびがよく、さらりとした軽いつけ心地となります。

同じ「保湿」の効用があるといっても、肌のタイプや季節によって、オレイン酸が主に合うのか、リノール酸の量が多いほうが合うのか大きく違ってくることがあります。オイルのつけ心地を試してみましょう。オレイン酸やパルミトレイン酸にくらべて酸化はかなり速いので、リノール酸を多く含んだオイルの保存には注意が必要です。

リノール酸は、月見草油、くるみ油（ウォルナッツオイル）、パンプキンシード油、ごま油（太白《たいはく》ごま油、いりごま油）、ローズヒップ油、ククイナッツ油、スイートアーモンド油などに多く含まれています。

● リノレン酸

「リノレン酸」には、「α《アルファ》-リノレン酸」と「γ《ガンマ》-リノレン酸」があり、このどちらが欠けても、肌の調節機能を保つことはできないため、その不足が、アトピー性皮膚炎などの原因となっているのではないかとも言われています。

欧米や日本の最近の食生活の中では、特にα-リノレン酸は、よほど意識していないかぎり最も摂りにくく、からだや皮膚のさまざまな不調の直接、間接の原因となっていると言われています。

α-リノレン酸は、亜麻仁油《あまにゆ》（フラックスシードオイル）、えごま油、しそ油、ローズヒップ油、ククイナッツ油、パンプキンシード油（含まれないタイプもある）、くるみ油（ウォルナッツオイル）、この本では特に取りあげませんが、キャノーラ油、そして馬油《ばあゆ》、などに含まれています。

また、γ-リノレン酸は月見草油に多く含まれています。

リノレン酸を含んだオイルは、からだや肌の健康にとても大きな効果を持っていて、スキンケアにも食生活にも積極的に取り入れたいオイルなのですが、リノール酸よりもさらにデリケートで酸化しやすく、酸化すると一転してからだに悪いものとなってしまいますし、皮膚刺激を起こすこともありますので、取り扱いには注意が必要です。上手な使い方や保存の仕方については、あとの各オイルの説明のところでご紹介します。

リノレン酸を多く含んだオイルにも、ライトな保湿効果がありますが、肌につけたときの感触は、リノール酸主体のオイルよりも、さらに軽くのびのいいものとなります。乾性肌の場合、保湿効果としてはほかのオイルで補う必要が出てくるかもしれません。

★「脂肪酸」と手をつないだ大事な保湿成分「グリセリン」

「脂肪酸」のお話をしたところで、脂肪酸の大事な相棒である「グリセリン」のお話をしておきましょう。

グリセリンは皮脂の主成分ではないのですが、スキンケアの目的で「オイル」のことを理解するには、無視することができません。というのは、そもそもオイルは、脂肪酸とグリセリンというものが、手をつないでできているからです。

グリセリンは、化粧品の材料としておなじみですので、保湿成分だということをご存知の方は多いかもしれません。グリセリンには、空気中の水分を引き寄せる性質があるので、保湿成分として働きます。

市販の化粧品には、オイルから分離して取り出したグリセリンや石油由来の合成グリセリンをわざわざ保湿成分として加えているものがたくさんあります。

けれども、もともと天然オイルの中には、脂肪酸とつながった形で含まれているのですから、素材としての天然オイルをそのまま「美容オイル」として使えば、自然な形でグリセリンの保湿力も取り入れることができます。

肌につけた時点では、オイルの脂肪酸とグリセリンはしっかり手をつないでくっついているのですが、肌の上の有用な常在菌などの働きで、やがて分解されて離ればなれになり、それぞれ、保湿剤としての独自の働きを発揮するようになります（脂肪酸は皮脂の成分として保湿剤となり、グリセリンは、水分を引きつける役目をすることで保湿剤となるわけです）。

あとで化粧水のお話をするときに、薬局などで手に入る天然植物性オイル由来の保湿成分「植物性グリセリン」のとても簡単な使い方をご紹介します。

スキンケアに必要な皮脂の成分と必須脂肪酸

脂肪酸	効能	豊富に含まれているオイル
オレイン酸 （皮脂の脂肪酸中約20%）	豊かな保湿。肌にとって有用な常在菌の繁殖を助ける	椿油　ヘーゼルナッツ油（欧州産）　オリーブオイル　スイートアーモンド油　アボカド油　マカデミアナッツ油　ヘーゼルナッツ油（南米産）
パルミトレイン酸 （皮脂の脂肪酸中約12%）	保湿。新しい細胞の再生を促す（肌荒れ、にきび、傷、しみ、アンチエイジングの脂肪酸）	ヘーゼルナッツ油（南米産）　マカデミアナッツ油　馬油　アボカド油
スクワレン （皮脂全体の約10%）	保湿。殺菌作用、抗酸化作用（過酸化脂質の増加を抑える）、免疫力を高める	オリーブオイル
ロウ （皮脂全体の約22%）	保湿。肌をなめらかに保つ、肌の保護（摩擦や外気の刺激から肌を守る）	ホホバオイル
リノール酸 （必須脂肪酸）	さらりとした保湿。角質層のバリア機能調整、皮脂腺の増殖を助ける	月見草油　くるみ油　パンプキンシード油　太白ごま油　ローズヒップ油　ククイナッツ油　スイートアーモンド油
α-リノレン酸 （必須脂肪酸）	抗アレルギー。原因不特定の湿疹やにきび、極端な乾燥肌などの不調を整える、やけど、傷の修復	亜麻仁油　えごま油　しそ油　ローズヒップ油　ククイナッツ油　パンプキンシード油（含まれないタイプもある）　くるみ油　馬油
γ-リノレン酸 （必須脂肪酸）	抗アレルギー。原因不特定の湿疹やにきび、極端な乾燥肌などの不調を整える、やけど、傷の修復	月見草油

自分の肌に合った、いいオイルを知ろう

●自分にとって安全なものは、自分自身で判断する

まず初めに、オイルを手に入れるにあたって、知っておいたほうがいいことがあります。

オリーブオイル、スイートアーモンド油など、さまざまなオイルは、ヨーロッパではギリシャ、ローマの時代から、食用のほか、美容用、医薬品として日常生活では、垣根なく使われてきました。

今でも自然食品店などで、上質な食用オイルを手に入れ、食べるだけでなく、マッサージやバスオイルなどとしてスキンケアに使い回し、トータルなボディケアをするという習慣を持つ人は、欧米では珍しくありません。

けれども日本では、法規上「化粧用のオイル」と「食用のオイル」は製造販売するときの認可制度の関係で、はっきりと別のものとして扱われていますし、そんなラベルの垣根を越えた使い方をすることに、迷われる方もいらっしゃるに違いありません。

たとえば、今では日本でも、食用オリーブオイルをクレンジングに使っている方は多くいらっしゃると思いますが、そのように、ある食用オイルをスキンケアに使ってみようと思ったとき、製造販売元に「このオイルを肌にぬってもいいですか?」と問い合わせたとしましょう。たとえ実際には、そのオイルがスキンケアに効果の高いものであった場合でも、その製造販売元があくまでも「食用」として販売しているかぎり、「肌にも使えますよ」という案内は、決して顧客に対してしてはいけない決まりになっているのです。

化粧用、食用の安全基準は別々に設定されていて、ある場合には、そうした区別がどうしても必要であり、消費者の立場からすると、納得できる面もあれば、線引きをされてちょっぴり不便だなと感じる場合もあります。

どちらにせよ、自分の判断と責任による食用オイルの「使い回し」は、買って使う私たちの自由ではありますが、今の法律上、メーカーから「使っても大丈夫」というお墨付きをもらうことはできないのだということは知っておいてください。

けれども、法律論を離れて現実の生活のことを考えてみれば、市販の「化粧品」について、「化粧用だから肌に使っても絶対に大丈夫」というお墨付きをメーカーからもらうことだって、結局は不可能です。実際、肌のための「化粧品」が肌に合わずに困っている人がたくさんいるのですから……。

化粧品であれ、食品であれ、その品にどんな用途を求めるのかをまず決め、ラベルを見て、材料や成分、製法を確かめ、「自分にとっては何が安全で役に立つか」を自分自身で判断するしかないのです。

私自身、ボディケアに食用オイルを使うこともあれば、用途と使い心地の好みによって、化粧用オイルを選ぶこともあります（化粧用オイルを食べることは、まずありませんが……）。

スキンケアのために何を選ぶにしても、毎日自分の肌に使うものにきちんとお墨付きを与えることができるのは、最終的にはその肌の感覚を知っている自分だけ。

でも、オイルを選んだり試したりするときに、手当たり次第ではなく、自分が具体的に何を求めてそうするのかがきちんとわかっていれば、不安は解消されます。それぞれのオイルに、どんなパワーがあるのかを、まずは確かめてみてください。

● 美しい肌を作る16のおすすめオイル

それではいよいよ、美しい肌を作るために必要な脂肪酸やその他の保湿成分をたっぷり含んだオイルをご紹介しましょう。

まだまだ広くは知られていないようでも、実際には、今私たちの住む便利な日本では、ほんとうにいろいろな種類のオイルが手に入るようになっています。

ここでは、次の16のオイルをご紹介します。

1 オリーブオイル
2 椿油
3 ヘーゼルナッツ油
4 マカデミアナッツ油
5 ホホバオイル
6 スイートアーモンド油
7 アボカド油
8 馬油《ばあゆ》
9 太白《たいはく》ごま油

10 パンプキンシード油
11 くるみ油（ウォルナッツオイル）
12 ククイナッツ油
13 月見草油
14 ローズヒップ油
15 しそ油、えごま油
16 亜麻仁《あまにゆ》油（フラックスシードオイル）

基本的には、肌にぬったとき、保湿力が高く、濃厚なぬり心地のものから順番に、さらりとした使い心地のほうに向かってならべ、それぞれのオイルの特徴をご紹介してみました。

また、ここでは、肌やからだの健康に役立つ、お料理での使い方などもご紹介します。

さらに、オイルの保存法や保存期間の目安も記しましたので参考にしてください。

内側からと、外側からの両面ケアで、オイルの不思議な魅力を味わっていただきたいと思いますので、それぞれのオイルの「効能」のほかに、「おいしい使い方」のポイントもご紹介します。

ここに挙げたのは、私も大好きで、日々たよりにしているオイルたちです。

見慣れない名前が多くて戸惑う方もいらっしゃるかもしれませんが、スキンケアのためには、これを全部手に入れなければならないというわけではまったくありませんので、どうかご安心ください。

それに、そのまま肌にぬったり食べたりすればいいのですから、使用法もいたって簡単!「わあ、こんなにいろいろなスキンケア効果を持ったオイルがあるんだ!」ということで、まずはわくわくしていただきたいのです。

そして、どのオイルがどんなバランスで構成されているのかということを知れば、自分に向いたもの、必要なものがわかってきます。

自分の肌に合った美容オイルを探したり、サラダにふりかけるオイルを選んだり、オリジナルの美容オイルを調合したりするときの参考にしていただければと思います。

美しい肌のために、特に役立つおすすめオイルを選び、スキンケアの効能を表にしました(146~149ページ)。

さらに、それぞれのオイルがどんな脂肪酸を含んでいるのか、その割合がわかる表(153ページ)を作ってみました。必要に応じて、その表も参照しながら、各オイルの説明をごらんください。

16のオイル

1 オリーブオイル

オレイン酸とスクワレン効果で「保湿」の王様

何千年も昔から、地中海地方や中近東で、食用、医薬用、美容用に使われてきた歴史のあるオイルですが、今では、そのおいしさと心筋梗塞、動脈硬化、肌の老化などの予防効果などから、世界中で愛されています。

新世界の生産地もカリフォルニア、オーストラリアなどいろいろな場所に広がっていますし、日本でも小豆島などで生産されていて、国産オリーブオイルのファンの方も多いようです。すでに触れましたが、多くの人にとってスキンケアの基本となり得る理由を2つも持っています。

その第1が、全脂肪酸のうち、肌を潤す大事な成分となる「オレイン酸」を70％以上も含んでいて、そのために、濃厚で豊かな保湿力を持っていること。

第2に、皮脂を構成しているもうひとつの大事な保湿成分である「スクワレン」（78ページ参照）を、オイル全体の0・5～1％含んでいること。オリーブオイルは、スクワレンのとても貴重な源です。

0・5～1％というと、そんなに多くないように思われるかもしれませんが、「脂肪酸」の種類と割合のほかに、このほんの数％のところにどんな成分（「不けん化物」と呼ばれます）を含んでいるかが、そのオイルの性質を大きく決めることになります。

オリーブオイルは、いつでも貴重品として扱われてきましたから、偽物《にせもの》が出回ることも往々にしてあり、そんなとき、このスクワレンがあるかないかを調べることで、黒白の判断をしてきたようです。

ところで、その数字に幅があるのはどうしてかというと、もちろん原料となるオリーブの種類によってばらつきが出ることもあるのですが、大きくは、製造方法によります。

オリーブオイルにはご存知のように「エキストラバージンオリーブオイル」と「ピュアオリーブオイル」があります。

「エキストラバージンオリーブオイル」は、オリーブの実を圧搾したあと、洗浄や濾過《ろか》などのほかには、脱酸、脱色、脱臭精製を行わないもので、食用の中でも風味や栄養の最も豊かな最上級のものです。スクワレンのほかに、ステロール、ビタミンE、ポリフェノール、クロロフィル（葉緑素）などを豊富に含みます。

世界の各産地によって、風味の違いがありますので、いろいろな地域のエキストラバージンオリーブオイルをサラダドレッシングや、魚や肉料理にかけるソース、アイスクリームの材料などとして試してみるのも、とても楽しいものです。

オイルに含まれているクロロフィルは熱に弱く、高温加熱によって風味が変わるので、生のままで好きなものにふりかけたり、パンにつけたりして食べるのに向いています。

ていねいに作られた上質のオリーブオイルは、そのまま、クレンジングオイルやバスオイル、美容オイル、ヘアオイル、美容クリームやボディクリーム、ハンドクリームなどの材料としてスキンケアに使うことのできる品質のものも数多く、化粧用オイルより、値段もリーズナブルであることが多いのです。腕の内側などにつけて半日ほど様子を見るパッチテストをして、自分の肌との相性、安全性を確かめてみましょう。

「化粧用」として販売されているエキストラバージンオリーブオイルは、化粧用の基準に従って洗浄、濾過の上に、脱酸、脱臭をしていることもあり、食用のものより保湿力と使い心地がやや軽めになっています。人によっては、こちらのタイプのほうが肌とは相性のいいこともありますので、オレイン酸とスクワレンのスキンケア効果をどうしても取り入れたい場合で、食用の中に相性のいいものを見つけられなかった場合には、ぜひ試してみるといいでしょう。また、薬局で「局方《きょくほう》オリブ油」（これは日本薬局方で定められた医薬品です）を取り寄せてもらうこともできます。

「ピュアオリーブオイル」は、バージンオイルを精製したものが主体で、風味付けのため、少量のバージンオイル（精製していないもの）を混ぜています。

エキストラバージンオリーブオイルより熱に強く、加熱料理に向いていますが、精製オリーブオイル自体が圧搾法による一番搾りでないことも多いので、直接肌につける美容オイルとしてはあまりおすすめできません。

けれども、揚げ物などの加熱料理を健康的なものにするには、ピュアオリーブオイルがとてもおすすめです。野菜だけでなく、魚や肉のフライも大変軽くおいしく仕上がり、胃にもたれません。

私は、野菜のフライやくだもののフリッターなどには同じオイル（濾《こ》したあと、冷暗所に密封保存して1ヵ月までのもの）を2回まで使い、魚や肉の揚げ物でしたら1回だけにしておきます。そして、濾した使用済みのオリーブオイルは、はっかやレモンの精油を入れたキッチン用ソープに作り直して、お皿洗いに使ってしまいます。

油汚れの落ちもすばらしい上に、手にやさしい、とてもいい石けんになります（作り方に興味のある方は、『オリーブ石けん、マルセイユ石けんを作る――「お風呂の愉《たの》しみ」テキストブック』を参考になさってください）。

石けんをご自分でお作りにならない方は、一度揚げ物に使ったオリーブオイルを濾したあと冷暗所に密封保存して、1ヵ月ぐらいでしたら、少しずつ炒め物などに使っていくこともできます。

せっかくからだや肌にいいオイルを使って料理をしているのですから、同じオイルを何度も揚げ物に使うのは、やめましょう。酸化したオイルを口に入れてしまっては、美容と健康のためのオイル選びが台無し、かえってもったいないことになってしまいます。揚げ物は1ヵ月に1、2回ぐらいにしておくのが、からだにもちょうどいいようです。

また私は、オイルの元となる食材も、よくそのまま食べています。オリーブの実の漬物は、びん詰めのものなどが手に入りますが、良質のものをサラダに入れたり、細かく刻んで和え物に混ぜたりすれば、それもおいしいスキンケアになります。

オリーブオイルは冷暗所に保存し、開封後は6～7ヵ月以内、びんに表示された品質保持期限内に使い切るようにしましょう。

2 椿油

豊かな保湿力を持つ、日本伝統の美容オイル

椿の種を搾った油です。

日本では昔から、食用や灯用、薬用、化粧用、特に頭皮や整髪用の美容オイルとして使われてきましたが、その豊かな保湿力の理由は、全脂肪酸のうち「オレイン酸」を80％以上も含んでいるという点にあります。

オレイン酸による保湿力という点では、オリーブオイルよりも高いわけですが、オリーブオイルにあるスクワレンは含まれていません。

「オレイン酸の保湿力がたっぷり欲しいけれど、スクワレンはいらない」という方にとっては、オリーブオイルよりも、椿油のほうが相性がいいということがあるようです。

オリーブオイル１００％の石けんと椿油１００％の石けんを作ってみると、見かけは両方とも真っ白でよく似たものになります。使い心地の面でも多くの人にとっては、「濃厚で柔らかな、たっぷりとした保湿力」という点で、とても似たものになるのですが、しばらく使いくら

べると「やっぱり自分はオリーブオイルでなく椿油でないとだめ」という肌タイプの人が、思いのほかいるのです。

そんな人たちは市販の「スクワランオイル」（深海鮫《ざめ》やオリーブオイルからスクワレンだけを抽出して、化学的に安定させたもの）もあまり合わないことが多いようですので、はっきりとは言えませんが、「スクワレンは補給する必要がないけれど、オレイン酸による保湿力はたっぷり必要」というタイプの人には、椿油のほうが相性がいいということもあるかもしれない、と考えています。

オリーブオイルと同様、食用として販売されているものと化粧用とされているもの、両方手に入ります。

私の場合は、ボディケアには、もっぱら食用のものを、シャンプー用の石けんや浴用石けんの材料として愛用しています。

髪や肌に使うオイルとしては、個人的には、今のところオリーブオイルのほうが向いているようですので、椿油を美容オイルにすることはあまりありません。でも、ヘアオイルやフェイスオイル、クレンジングオイルとして椿油のほうが断然いいというファンもたくさんいて、その中には、「食用」のものをそのまま問題なく使える人と、精製度の高い「化粧用」でなければ合わないという人と、ふた通りに分かれるようです。

やはり、どんな化粧品を選ぶときでも同じことで、ひじの内側に1、2滴つけて半日ほど様子を見るパッチテストをして、相性を確かめてみましょう。

オリーブオイルには、昔から地中海地方ではサンオイルとして使われてきた歴史があります。今では日焼けに対する認識も変わり、わざわざ日焼けをすること自体、世界的に奨励されてはいませんが、少なくとも、何もぬらないよりはオリーブオイルをぬったほうが、肌の傷みが少なく、きれいに日焼けするということが経験的に伝えられていたということでしょう。

それにくらべて椿油の場合は、日焼けの習慣がもともとあまりない日本だから、そういう使われ方をしてこなかったということなのかしらなどと思っていたのですが、近年の紫外線透過率の調査で、椿油の紫外線透過率自体は低いものの、「UV‐B」（紫外線の波長のひとつ）を吸収して、肌の老化を促す過酸化脂質を発生させてしまうということが報告されているようです。

ですから、太陽に当たるときに美容オイルとして使うのは、用心したほうがよいようです。日中室内で過ごすときや寝る前のナイトケアとしては、まったく心配する必要はないでしょう。

私は調理油としての椿油の大ファンです。オリーブオイルと同様、オレイン酸の割合が大変高く、心筋梗塞、動脈硬化、皮膚の老化の予防によいとされます。

熱による酸化に強いため、オリーブオイルの独特の香味があまり合わないタイプの揚げ物、特に和風の天ぷらなどのときには、椿油を使うようにしています。または椿油と太白《たいはく》ごま油を半々にして天ぷら油にすることもあります。どちらの場合も、とてもからっと歯ごたえよく軽くできあがり、風味もすばらしいものになります。

揚げ油としてはちょっと高価なのですが、そんなに頻繁に天ぷらを揚げるわけではありませんし、たまのごちそうと思い、その仕上がりのおいしさと健康のことを考えると、「病気になって医療費がかかることを考えれば……」と美味な油のほうになびいてしまうことになります。

「天ぷらはプロが揚げないとね」と言われることが多いのですが、おろしたてでまっさらな上等の揚げ油を使えるのは家だからこそのメリット。油がよければ、シンプルなかき揚げみたいなものだって、なかなかどうしてちゃんとおいしくなります。

友人たちとの集まりでしたら、天つゆだけは前もって準備しておき、あとはスイスのオイルフォンデュー式に、食べる人が卓上の鍋のまわりに集まって、各自好きなものをひょいひょいと揚げながら、天ぷらで楽しい時間を過ごすこともできます（これはいろいろな国の人が集まった場で天ぷらパーティーをリクエストされたとき、苦肉の策で生まれた方法です）。

私が揚げ物に使っているのは、（ピュア）オリーブオイル、椿油、太白ごま油の3種類だけなのですが、この3種類はすべて、使用済みのものは濾してキッチンソープの材料になります

（この3種のオイルの場合、石けんにするときの材料としての性質〔けん化価〕がとても近いので、使用済みの油が適当に混ざってしまっても、分量計算がうまくいかない心配がない点、とても便利なのです）。

石けんを手作りしない方は、オリーブオイル同様、一度揚げ物に使った椿油を濾したあと冷暗所に密封保存の上、1ヵ月ぐらいでしたら、少しずつ炒め物などに使っていくこともできます。

椿油は、日本古来の伝統あるすばらしい油なのに、その健康へのメリットがあまり意識されずに、今では安価な調理油に押しやられ、生産量が少なくなってしまいました。中国から良質のものが輸入されてはいますが、もともと日本でも作っていたものなのにと思うと、残念でなりません。

今でも伊豆大島や五島列島などで、ていねいな圧搾法で椿油を作っている熱心な生産者の方もいらっしゃるのですが、生産量は決して多くないようです。

椿油のファンがもっと増えて、おいしくてからだにいい国産の椿油がもっと手に入りやすくなったらいいなと思うのですが……。

冷暗所に保存し、開封後は6〜7ヵ月以内、びんに表示された品質保持期限内に使い切るようにしましょう。

3

ヘーゼルナッツ油

豊かな保湿力と香ばしい風味で、肌にも舌にもグルメなオイル

ヘーゼルナッツの実を搾った油です。

主要産地のヨーロッパで、食用としても、医薬用や美容用としても、昔からとても重宝されているオイルです。

上等の浴用石けんの材料、冬用のバスオイルとして私も愛用しています。

各種ミネラル分を多く含み、ナッツのオイル特有の使い心地である、しっかりとした豊かな保湿力を持っています。

バスオイルとして使うときは、ほんの小さじ4分の1ほどを直接湯船に入れ、よくかき混ぜて入浴します。湯上がりの肌がなめらかに潤い、ボディクリームなど、まったく必要なくなります。湯冷めもせず、お風呂から出たあともぽかぽかと温かさが持続します。

これでちょうど、おとな1人の肌の表面をべたつかせることなく、きれいに薄膜でおおうことができるほどの分量ですので、次の人が同じ湯船を使うときには、また新たに小さじ4分の

1のオイルを足してください。

圧搾法でていねいに作られたオイルは、ヘーゼルナッツのすばらしい香りがし、甘美で濃厚な木の実の風味を持っています。

特にフランスでは、その香りと味わいを生かして、料理やお菓子作りなどに最高級のオイルとしてよく使われます。

一番人気のある簡単な使い方は、「フランボワーズヴィネガー」（木いちごの酢）と合わせてサラダドレッシングにすることでしょう。

いつものサラダが、香味豊かな華やいだ味わいになります。もちろん、りんご酢や日本の柿酢、新鮮なレモン汁などと合わせても、おいしいドレッシングになります。いずれの場合も、胡椒《こしょう》を効かせると風味がひきたちます。

甘く香ばしい風味が美味で熱にも強いため、加熱料理や焼き菓子作りにも向いています。

バターの代わりに使ってケーキやクッキーを作ると、木の実の風味が豊かで、こくがありながら軽い焼き上がりの、まったく違ったお菓子になりますので、ぜひバリエーションを楽しんでみてください。チョコレートのスポンジケーキなどにはとてもよく合います。

ヨーロッパ産のヘーゼルナッツ油は、保湿成分である「オレイン酸」を76％ほどと豊富に含んでいます。私が今、普段使っているのはこの種類です。

南米産のものには、細胞の再生を促す貴重な「パルミトレイン酸」が25％前後も含まれていて、目もと用のナイトクリームやサンケア用品の材料、高級なマッサージオイルとして使われていますが、残念なことに、日本では現在、パルミトレイン酸を含んだ種類のヘーゼルナッツ油はなかなか手に入りません。

ですから、パルミトレイン酸源としては、次にご紹介するマカデミアナッツ油や、馬油《ばあゆ》などがおすすめです。

冷暗所に保存し、開封後は6～7ヵ月以内、びんに表示された品質保持期限内に使い切るようにしましょう。

4

マカデミアナッツ油

荒れ肌や、しみ、しわなど、アンチエイジングの強い味方

オーストラリア原産で、ハワイで多く生産されているマカデミアナッツの実を搾ったオイルです。

皮脂や体内脂肪の重要な成分である「パルミトレイン酸」は、心筋梗塞、動脈硬化、脳血管の疾患、胃の疾患などを予防するほか、年齢を重ね、特に30歳を過ぎると分泌できる量がどんどん少なくなっていくために、この減少が老化と深く関わっているとされています。

マカデミアナッツ油は、この貴重なパルミトレイン酸を全脂肪酸の20%以上含むことから、細胞の再生に大きな役割を果たし、食用にすると、胃腸の粘膜に過酸化脂質が及ぼす悪影響を防ぐ作用があるので、胃潰瘍などの予防にもなると言われています。

同じような効果を、皮膚の細胞の再生に対しても持つことから、最近は、しわ防止、しみの回復、サンケア用の美容オイルや自然化粧品に配合されることが多いようです。

けれども、このすばらしい素材をそのまま手に入れることで、既成の化粧品を買わなくても、

内側からと外側からのボディケア、アンチエイジングケアが家で簡単に楽しくできるのです。

食用のものとしては、ハワイ産やオーストラリア産のものが手に入ります。オレイン酸とパルミトレイン酸が主成分で酸化しにくいため、加熱料理にも向いています。ナッツをローストしてから搾ったものは、香ばしい木の実の香りがして、大変おいしいので、そのまま好きなものにソースとしてふりかけたり、ドレッシングとして使ったり、食材をソテーするのに使えます。

ただ、ローストのような前処理を施したものは、スキンケアには向きませんので、スキンケアに食用のものを使いたいなら、生の木の実をそのまま圧搾した製法のものを選ぶようにしましょう。私も、この種類のものを、石けん用やバスオイル用にしょっちゅう使っています。石けんはすばらしいものになります。

バスオイルにするときは、やはり小さじ4分の1を湯船に入れ、よくかき混ぜてから入浴してください。全身の肌のアンチエイジングケアがあっという間にできます！

ただし、ローストせずに搾った食用マカデミアナッツ油は、人によっては慣れないと美味と感じられないかもしれない、ガソリンを連想させるかのような特殊な香りがあることが少なくありません。

その場合には、1カップのオイルに対してにんにくを3片ほど、あるいは乾燥させたバジルの葉10〜15枚、または、たかの爪2〜3本を漬け込むなどして、香味オイルにしてから料理に使うといいでしょう。

カリフォルニアやハワイ風のフレンチ、イタリアンの料理には、こんなふうに香味オイルにして、アジアの食材やフルーツなどと組み合わされて、よく使われるオイルです。

マカデミアナッツの実をそのまま食べて、パルミトレイン酸を自然な形で取り入れることも、美容と健康につながります。

砕いてサラダや和え物などに使うと香ばしくて、味もボリュームもアップします。おやつ代わりにあんずやレーズンなどのドライフルーツなどといっしょに口に放り込むだけで、お菓子顔負けのおいしさです（ハワイのおみやげにいただくチョコレートがけのものなどは、食べすぎますとあっという間にカロリー過多となってしまいますので、ご用心！）。

肌にぬるためのものとしては、アロマテラピーのお店などで、マッサージオイルのベースとして、あるいは化粧（ベビー用）オイルとして、手に入れることができます。

私の場合、直接肌（特に顔）にぬって美容オイルとする分は、アロマテラピー用や化粧用の方が相性がいいので、食用のものにくらべるとお値段は張りますが、この種類のものを使っています（前にも言いましたように、バスオイルや石けん材料としては私も食用のものでもまったくかまわないのですが……）。

これもまったく個人的な例ですので、皆が皆そうというわけではありません。生の実を搾った食用のマカデミアナッツ油を美容オイルとしてまったく問題なく使っている人もいますから、これも各人が、オイルと自分との相性を確かめて使うようにしてください。

とにかく内側からも外側からもアンチエイジングのスキンケアをする上でマカデミアナッツ油は強い味方です。ぜひご自分の好みのタイプを見つけ、上手に使ってみてください。

冷暗所に保存し、開封後は6～7ヵ月以内、びんに表示された品質保持期限内に使い切るようにしましょう。

5 ホホバオイル

さらりとした使い心地で肌を保護し、すべすべに

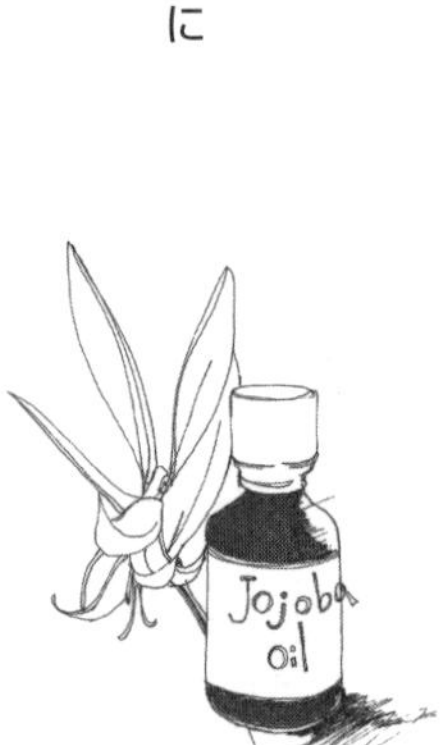

ホホバの実を搾ったオイルです。

北米やメキシコの先住民のインディアンたちが、伝統的に砂漠の強い陽射しや砂嵐から肌を守ったり、傷んだ皮膚や髪の手入れをするために使ってきました。

皮脂の主要な成分である「ロウ」が全体の50%を占めていて、非常に酸化、変質しにくいオイルです。

肌にとてもなじみやすく、べたつかずにさらりとした使い心地で、皮脂腺や汗腺の働きをまったくさまたげることなく、肌の上に上質の保護膜、保湿膜を作ってくれます。

世界中で、とびきり使用感のいい美容オイルとして、大変人気があります。

「パルミトレイン酸」を含んだマカデミアナッツ油や、「オレイン酸」と「スクワレン」を含んだオリーブオイルなどと組み合わせることで、高機能の美容オイルをあっという間に調合できます。

ホホバオイルは食用のものがありませんので、化粧用のものの中から、自分にとって相性のいい使い心地のものを選んでください。大きく分けると、製造方法によって2種類のオイルがあります。

ひとつは、生の実をそのまま搾って脱色も脱臭もしていない黄金《こがね》色のもの。こちらは脱色脱臭処理をしたものにくらべると、とろりとした感触で、ナッツのような淡い香りがあり、保湿力も高くなります。

もうひとつは無色無臭の透明のオイルで、これは脱色脱臭精製をしたものです。黄金色のものにくらべると、さらりとした軽めの使い心地となります。

あとで美容オイルの簡単な調合の仕方をご紹介しますが、もし精油を加えてデリケートな花の香りを存分に楽しもうとしているなら、ナッツの香りが邪魔をしない精製したものを選んだほうがいいかもしれません。

豊かな保湿力を第一に考えたいときは、未精製の黄金色のものを選ぶといいでしょう。

表皮を保護してくれる美容オイルとして大変人気のあるホホバオイルですが、自分で分泌する「ロウ」が十分足りている場合には、まったく必要ないこともあるようです。

オレイン酸、スクワレン、パルミトレイン酸は補充したいけど、ロウはいらない。実際に、そんな方は結構いらっしゃるのです。

　ですから、どんな素材であっても、「みんなが合う人気のオイルらしいのに、自分には合わない」などと悩んだりせず、ご自身の肌のタイプを探り当ててください。あなたにぴったりの美容オイルの素材は必ず見つかります。

　ホホバオイルは開封したあとでも、冷暗所に保存すれば、2年ほどは十分に持ちます。冷蔵庫に保存する必要はありません。

6

スイートアーモンド油

ヨーロッパの伝統的な美容オイル

アーモンドの実を搾ったオイルです。

地中海沿岸や中近東で古くから、食用、美容用、医薬用に使われてきましたが、特に貴重な高級美容オイル、ベビーオイルとして重用されてきました。今ではカリフォルニアでもアーモンドが栽培され、アーモンド油の主要な産地のひとつとなっています。

これは、どのオイルの場合もそうですが、圧搾法で、アーモンドのよい成分をちゃんと残して作られた油かどうかで、食用としての栄養価もおいしさも、スキンケア用品としての品質も違ってきます。

アーモンド油の場合、圧搾法でバージンオイルを採取したあと、さらに溶剤でオイルを抽出したものなども、マッサージなどの外用オイル、化粧オイルとして多く出回っているようですので、注意が必要です。

ビタミンA、B群、E、各種ミネラルを多く含み、栄養価の高いオイルです。

脱臭精製をせずに仕上げた高品質の食用スイートアーモンド油は、仁《じん》の甘くさわやかな芳香がして、サラダドレッシングにしても、アスパラガスやカリフラワーなど蒸した温野菜などにふりかけても、とても美味です。バターの代わりに焼き菓子の材料として使っても、上品でほのかな芳香が楽しめます。

「オレイン酸」が60%から70%で、豊かな保湿力を持っていますが、「リノール酸」を約20%含んでいるために、オリーブオイルや椿油、ヘーゼルナッツ油、マカデミアナッツ油などにくらべると、粘度が低くなっています。

そのため使用感が軽めでのびがよく、マッサージオイルやベビーオイル、バスオイルとしても、とても人気があります。

私は、もっぱら高品質の食用スイートアーモンド油を選んで、食べるほうも楽しみながら、石けん材料、バスオイル、美容オイルなどとしても愛用していますが、アロマテラピー用のオイルでも安全で高品質のものが手に入ります。

精製度がやや高いために、肌にはそちらのほうが相性がいいという方もいらっしゃいます。ご自分で使用感を確かめて選んでください。

アーモンドの実をくだいてサラダや和え物、魚のソテーにふりかけたり、スライスアーモンドやアーモンドプードル（アーモンドの実を挽《ひ》いてパウダー状にしたもの）を使ってお菓子作りをすることで、おいしいスキンケアを楽しむこともできます。

リノール酸の割合がやや高いので、オリーブオイル、椿油、ヘーゼルナッツ油、マカデミアナッツ油よりは、酸化が速めになります。それでも基本的には冷暗所で保存するかぎり、賞味期限内は大丈夫と考えていいでしょう。

ただ開封後は、2～3ヵ月で使ったほうが安全です。特に暑い季節などでしたら、開封後は冷蔵庫に保存するほうが安心。冷蔵庫に入れておけば、開封後もきちんとふたをしている限り、1年は十分に持ちます。

7 アボカド油
アレルギー源となることが最も少ない低刺激オイル

アボカドの果実を搾ったオイルです。主要産地はカリフォルニアやフロリダ、メキシコ、南アフリカなどですが、スペインやイスラエルなどでも栽培されています。

「オレイン酸」を65%程度と多く含み、A、B群、C、D、Eの各種ビタミンのほか、カリウム、マグネシウム、カルシウムなどのミネラルも豊富で、保湿効果の高いステロール類も併せ持ちます。

4・6%と多くはありませんが、肌の再生を促す「パルミトレイン酸」を含んでいることも、普段使いのオイルとする利点のひとつです。

脱色脱臭をしていないアボカド油は、葉緑素のきれいなダークグリーンをしたオイルで、青い薬草のような独特な香りがあります。脱色脱臭精製をしたものは、ほとんどの場合、食用の加熱調理用オイルで、淡い黄色をしていて、青草のような香りはほとんど消えています。

グリーンのものにも、食用のバージンアボカド油とアロマテラピーのお店で手に入るマッサージオイル用のものがあります。私は、石けん、バスオイル、自家製薬用ハンドクリームなどの材料として、食用の緑のバージンオイルをよく使っています。

また、特にデリケートな精油の香りを楽しむ石けんを作るときや、そんな精油を使いながらバスオイルにアボカド油の使い心地と効能を取り合わせたい場合は、脱色脱臭精製をした透明の、食用のものを選ぶこともあります。

美容オイル、マッサージオイルとして、食用のものの使用感が合わない場合、アロマテラピー用のものを選ぶといいでしょう。ほかのオイルでもそうですが、肌にぬるためとして売られているもののほうが、軽めの使い心地になっています。

ナッツ系のオイルにアレルギーを持つ人の場合、オリーブオイルと並んで、安全性の高い保湿オイルということになり、北米ではベビーオイルとして使われることも多くなっています。

ヘーゼルナッツ、マカデミアナッツ、スイートアーモンドなどのナッツ系のオイルにアレルギーのある方で、オレイン酸の高い保湿力を取り入れたい方は、ぜひアボカド油をお試しください。


スキンケアオイルとして高い効果を持っていますが、食べたときの栄養価も高く、緑色のバージンアボカド油は、美容と健康のためには、とても有用なオイルと言えるでしょう。

ゆでたじゃがいもなどの温野菜に、そのままソースとしてふりかけたり、バジルなどの香りのパスタにも合います。マヨネーズをこのオイルで作るときれいなグリーンになり、シーフードに添えるとぴったりです。

このオイルの材料であるアボカドの実は、まったく甘くはありませんがじつは果物。それ自体、とてもヘルシーな食べもので、すばらしいビタミン源（特に貴重なB群のもと）なのですが、ビタミンを摂るには、新鮮な果物としてそのまま食べるのが一番です。

忙しくてサラダの野菜を整えるひまさえないような気分のとき、ただ半割りにして種をとったアボカドのくぼみにレモンの汁を搾りいれたり、それにほんのちょっとのおいしいお醤油《しょうゆ》を加えたり、好みのお酢やソースでアクセントをつけるだけで、あっという間にビタミンいっぱいの即席サラダになります。

スプーンですくって食べるのですが、1人当たり半個もあれば十分。美しい肌の保湿成分となるオレイン酸もパルミトレイン酸もステロールも同時に補給できます。

アボカド油は冷暗所に保存し、開封後は季節や気温によっても異なりますが、3～4ヵ月以内、びんに表示された品質保持期限内に使い切るようにしましょう。

8

馬油《ばあゆ》

古くから傷ややけどの薬として愛用された油

馬肉の皮下脂肪を低温で蒸して溶かし、濾過したものを洗浄して、スキンケア用のオイルにしたものです。

「オレイン酸」35・5％、「パルミトレイン酸」7％、「リノール酸」10・8％、「リノレン酸」9・5％と、スキンケア効果の高い脂肪酸をバランスよく網羅しています。

頸部のたてがみの下の脂肪は、「こおね脂」と呼ばれ、体重1トンもある馬からたった5キログラムしか取れない貴重部位ということで、美味な高級馬刺しとして扱われますが、実はこの部分だけを見ると、ほかの部分の約2倍、15％程度のパルミトレイン酸を含んでいます。

細胞の再生のために不可欠で、なかなかほかのオイルの中にはないパルミトレイン酸を含むということ、そして、必須脂肪酸のうち肌の調子を整えるのにどうしても必要なのに、普段意識していないかぎり摂りにくいリノレン酸を併せ持つことが、スキンケアオイルとしての馬油の大きな特徴です。

昔から、傷ややけどの薬として愛用されてきたこと、美容オイルとして今でも根強いファンが多くいる理由がうなずけます。

動物性油脂としては、きわだって肌になじみやすく、さらりとしたぬり心地で、皮膚によく浸透します。常温では基本的にクリーム状で、美容オイルや美容クリームとしてそのまま使えるほか、無臭なので、25グラムほどの馬油に好みの精油を2、3滴よく混ぜ合わせて、自分に合った効能と香りを付け加えたアロマスキンケアクリームを簡単に作ることもできます（基本的な美容クリームの作り方は、264〜265ページ参照）。

私自身は、パルミトレイン酸効果を取り入れるときには、マカデミアナッツ油をスキンケアと食用に使っています。またリノレン酸効果を取り入れるためには、ククイナッツ油をスキンケアに、えごま油やくるみ油などを食用に使うことが多いのです。けれども、馬油が合うという方の中には、「これさえあれば、ほかのオイルはなくても……」という方も多いようです。

特に、ナッツ系のオイルにアレルギーがあり、パルミトレイン酸効果をスキンケアに取り入れたいという方にとっては、実質、馬油が唯一の選択肢となるかもしれません（アボカド油にもパルミトレイン酸は含まれていますが、馬油ほどの量ではありません）。

開封後は冷蔵庫に保存し、1年以内、びんに表示された品質保持期限内に使い切るようにしましょう。

9

太《たい》白《はく》ごま油

普段使いにできるアンチエイジングオイル

炒りごまを搾った茶色の油ではなく、生のごまをそのまま搾った薄い黄色、または透明に近いごま油です。

日本では調理油としてスーパーマーケットなどでも手軽に手に入ります。

インドに古代から伝わる、薬草治療「アーユルヴェーダ」では、美容オイル、医薬用オイルとしてとても大事なオイルなのですが、インドだけでなく、中近東、欧米や中国、そして日本でも、古くから医薬品の基剤として使われてきました。今でも漢方薬のベースオイルとして使われています。

「リノール酸」が45%ほどもあると、通常は酸化のスピードが速くなるはずなのですが、強い抗酸化作用のある「セサミン」「セサモリン」「セサモール」を含んでいるため、持ちがよく、酸化しにくい健康的なオイルです。

脂肪の代謝をよくし、肝臓の働きを助け、からだの老化を防止するとされます。

セサミン、セサモリン、セサモールには紫外線吸収効果もあるため、サンオイルや紫外線よけのクリームの基剤としても使われています。

「オレイン酸」40％ほどと適度な保湿力を持ちながら、リノール酸を45％前後含んでいるため肌へののびもよく、「しっとり」と「さっぱり」のバランスがいいことから、アメリカやヨーロッパでも、もちろんインドでも、マッサージオイルとして人気があります。肌にさえ合えば、バスオイルや美容オイルとしても、おすすめです。

ほかのオイルもそうですが、太白《たいはく》ごま油も、精製の度合いによって、風味や色はさまざまです。とろりとして黄みがかった少し香ばしい風味のオイルから、もう少しさらっとして、透明でほとんどにおいのしないオイルまであります。一番搾りの食用太白ごま油の中から、パッチテストをして相性のいいものを探してみるといいでしょう。

初めから外用のものを使いたいなら、薬局で「局方《きょくほう》ゴマ油」（これは日本薬局方で定められた医薬品です）を取り寄せてもらえます。

日本で家庭用の加熱調理油として、普段使いに健康的なものを選ぶなら、太白ごま油が一番使いやすいのではないかと思います。旨味があって、とてもおいしいのですが、炒りごま油と違って強いくせはまったくありませんので、どんな料理をするときにも、風味の邪魔をしません。今のところ、椿油より手に入りやすいのも便利です。

和風、中華風の炒め物、油を使う焼き物や揚げ物、天ぷらなど、オリーブオイルやナッツの風味が合いにくい加熱料理に最適です。もしその上スキンケアオイルとしても相性がよければ、内側からも外側からも、このオイルだけで抗酸化ケアが可能です。

ただし、リノール酸の割合が高く、太白ごま油ばかりではリノレン酸とのバランスが悪くなってしまいますから、加熱調理以外のドレッシングなどには、くるみ油、パンプキンシード油、しそ油、えごま油を使うなど、意識してリノレン酸を取り入れるようにしましょう。

もちろん、香ばしい炒りごまをすりごまにして食べたり、練りごま（ごまペースト）などを、いろいろな料理やお菓子にもどんどん使ったりして、ごまの実（種）自体も楽しんでください。

冷暗所に保存し、開封後は6～7ヵ月以内、びんに表示された品質保持期限内に使い切るようにしましょう。

10 パンプキンシード油

とびきり美味なオイルで、肌のバランスを整える

西洋かぼちゃの種を搾ったオイルです。

健康なからだと美しい肌にとって必要な、「オレイン酸」「リノール酸」「α《アルファ》-リノレン酸」といった脂肪酸をバランスよく含み、ビタミンA、B群、C、D、E、Kのほか、亜鉛、カルシウム、マグネシウムといった各種ミネラルも豊富に含んでいて、最も栄養的に優れたオイルのひとつとされています。

ヨーロッパでは昔から、医薬用に使われてきた歴史が長いのですが、特にオーストリアやドイツでは現在も、粘膜の炎症にいいこと、有効なアミノ酸を多く含むことから、食卓で人気があるほか、消化器系や歯茎、膀胱《ぼうこう》の不調を整えたり、前立腺肥大の予防や治療のために、医療従事者が処方するという形でも使われています（ハイリノールで、α-リノレン酸をほとんど含まないタイプのものもありますが、そちらのタイプも健康によいほかの成分を多く含むため、同様に医薬品として扱われています）。

見た目は緑がかったダークブラウンで、その色からは粘りのある濃いオイルのような印象を受けますが、脂肪酸の構成バランスを表で見ると納得できるように、しっかりとした保湿力を持ちながら、実際には、肌につけてみるとさらりとしてのびのいいオイルなのです。

ただ、美容オイルとして使うには、ちょっと色が濃すぎるので、私の場合は、スキンケアオイルとして使う場合は、小さじ4分の1杯を湯船に入れてよくかき混ぜ、バスオイルとして使います。それ以外は、たいていキッチンや食卓で楽しむことになります。


香ばしくこくがあり、風味豊かなオイルで、食用に調味料感覚で取り入れると、楽しさが広がります。

リノール酸、リノレン酸を合わせた割合が多くなりますので、熱には弱く、加熱調理には向きません。生のままでその香りと風味を楽しみましょう。

もちろんサラダのドレッシングにはぴったり。オーストリアやドイツでは、アップルサイダーやはちみつから作ったお酢と合わせることが多いようですが、日本で最近手に入りやすくなったものの中では、バルサミコ酢との相性がとてもよく、人気の組み合わせです。

パンプキンシード油とバルサミコ酢を食卓に出しておけば、大皿いっぱいの野菜があっという間になくなります。もちろん普段お使いのお酢でも、レモンを搾りかけるのでもかまいません。また和風や中華風の和え物やサラダに使ってもとてもよく合います。

パンプキンシード油は、デザートに使うこともできます。

バニラアイスクリーム、チョコレートアイスクリーム、はちみつなどで甘みをつけたヨーグルトやリコッタチーズなどにただかけるだけで、簡単なデザートのできあがり！　くだいたナッツやフルーツを添えると味も見栄えもボリュームもアップします。熟成してとろりとしたバルサミコ酢をデザートのソースとしていっしょに少量かけるのもおすすめです。この健康的で美味なるオイルをぜひ試してみてください。

中国では、ローストしたかぼちゃの種は、古くから健康的なおやつです。

パンプキンシード油はデリケートですので、開封後は冷暗所で保存し、季節によって異なりますが、2～3ヵ月で使い切るようにしましょう。または、冷蔵庫での保存をおすすめします。きちんとふたを閉めて冷蔵庫に保存すれば、1年は十分に持ちます。

ただし、低温保存をするとオイルに含まれる沈殿物が固まることもあるので、使用前によく振り、少し常温になじませてから使うようにするといいでしょう。

11 くるみ油（ウォルナッツオイル）

パンプキンシード油と並ぶ美容グルメオイル

くるみの実を圧搾して作ったオイルで、原料のくるみの香りを残してていねいに作られたものは、こくのある芳香と風味を持ったほんとうにおいしいオイルです。

必須脂肪酸である「リノール酸」を60%近く含むことから、皮膚になじみやすく、さっぱりと軽いぬり心地のスキンオイルになります。ライトな保湿が欲しいときのバスオイルとして特におすすめです。

基本的にパンプキンシード油と似た脂肪酸構成のオイルですが、スキンケアオイル、バスオイルとして使った場合、よりのびのいいライトな保湿感となります。

オイルには特に濃い色がついていませんので、美容オイルとしても使いやすいでしょう。

くるみ油の最大の美容と健康へのポイントは、不足しがちで貴重な必須脂肪酸「α《アルファ》-リノレン酸」を含んでいることです。今でも動脈硬化や心筋梗塞、消化器疾患、肌の老化などの予防によいとされていますが、地中海地方では古くから、皮膚病や頭皮のかゆみ、日焼けによるやけどのケアなどに外用されていました。

カルシウム、マグネシウム、鉄、亜鉛などのミネラル分を含み、栄養価も高いオイルです。とても貴重なリノレン酸源なので、積極的に食生活に取り入れたいオイルです。加熱によって傷みやすいので、必ず生で食べるようにしましょう。

オイルだけでなく、もちろんくるみの実をそのまま食べるのもおいしいスキンケアとなります。私はおやつ代わりにくるみをつまむのが大好きです。

シナモンとナツメグパウダーで風味をつけたはちみつをキャンディー状になるまで（水に入れると固まるまで）煮つめて、同量の薄皮付きのくるみをからませ、ひとつずつばらして固めたものをよく作っておきます（食べすぎには気をつけなくてはなりませんが！）。

香ばしいくるみ油の風味は、サラダドレッシングやパスタオイル、パンにつける風味オイルなどに向いているようです。野菜や肉を使った和風の和え物などにもよく合いますので、いろいろと試してみてください。

くるみ油はとても酸化しやすいので、開封後は冷暗所で保存し、2ヵ月ほどで品質保持期限内に使い切るようにしましょう。または、冷蔵庫での保存をおすすめします。きちんとふたを閉めて冷蔵庫に保存すれば、1年ほどは持ちます。

12

ククイナッツ油

紫外線のダメージから肌を守るハワイの美容オイル

ハワイ州の木、ククイナッツの実を搾ったオイルです。

ハワイでは昔から、先住民の人々の間で、切り傷、やけど、強い陽射しや潮風で傷んだ肌の治療のほか、ベビーオイルとして使われてきたのですが、現代になって湿疹など、さまざまな皮膚疾患やひどい乾燥肌、にきびなどのトラブルに悩まされる人々の間で、そのスキンケア効果が注目されるようになりました。

必須脂肪酸である「リノール酸」が約40％、「α《アルファ》-リノレン酸」が約30％含まれていることが最大の特徴ですが、昔からサンスクリーン効果があるとされ、サンケア化粧品やサンタンローション（日焼け用化粧クリーム）などによく配合されます。

とは言っても、紫外線吸収剤や紫外線散乱剤を含んだ一般的なＵＶクリームと同じように「日焼けを止める」働きをするということではありません。でも、ククイナッツ油には肌の細胞を紫外線によるダメージから守ったり、ダメージを受けた肌をすばやく回復させたりする力があるということは、経験上、確かなことだと感じています。

というのも、私がこのオイルを10年ほど前に使い始めたきっかけが、太陽疹に悩まされていたことだったからなのです。

日本にいても5月の初めになると、肌の日に当たった部分、特に腕や足、首元などにぷつぷつとかゆい湿疹が出るのが常でした。そんな体質なのに、あるとき、アメリカに暮らす家族と、ハワイ島で冬を過ごすことになったのです。

日焼け止めやUVカットの帽子、シャツなど重装備をしていたのですが、海岸に出て1日目にして、シャツをぬいで10分ほど泳いだだけで、日焼け止めを塗ったところにも一面に湿疹が出てしまいました。

せっかくのハワイなのに、これでは先が思いやられる、どうしよう、と考えながらふと入った街の自然食品店で出会ったのが、ククイナッツ油だったのです。

その効果は私にとって、ほんとうにうれしい驚きでした。夜休む前に湿疹のできた部分にぬってみると、翌日にはすっかりかゆみが止まりました。そして、ケアを続けたところ、2日後にはぷつぷつがきれいに消えてなくなりました。

そこで、次に海岸に繰り出すことになったときには、日焼け止めのクリームの下に、ククイナッツ油をぬってみました。すると、驚いたことに今度は湿疹が現れなかったのです。

その日は楽しくて、つい外で長居をしてしまったため、顔も腕も足も、日焼け止めをぬっていたにもかかわらず、うっすらと赤くなり、熱くほてっていました。

けれども、シャワーで日焼け止めを落とし、ラベンダーの化粧水（＝ラベンダーウォーター、234ページ参照）をたっぷりはたいたあとでククイナッツ油を美容オイルとして使ったところ、翌日には肌の赤みがきれいに引いていて、そのあとしみなどもまったくできませんでした。

そしてそのとき以来、幸運にも、私は基本的に太陽疹から解放されることになったのです（たまに、自分が太陽アレルギーだったということをすっかり忘れて、ククイナッツ油を使わずにうっかりかんかん照りの外へ出たりすると、あのぷつぷつが戻ってくるのですが……）。

というわけで、個人的なお話が長くなってしまいましたが、私にとっては、ククイナッツ油は10年来の必需品です。

石けんの材料やバスオイルとしても欠かせませんが、なんといっても、春先から秋口までは、頻繁に使う美容オイルとなります（保湿ということだけを考えれば、この時期、オイルのケアは必要ないのですが、紫外線ケアとして、外出前と外出した日の寝る前に使うことになるわけなのです）。

ククイナッツ油は、リノール酸とリノレン酸をとても多く含むので、大変デリケートで、熱や光に弱いオイルです。開封後は15ミリリットルから30ミリリットルを1滴ずつ取り出せる美容オイル用の小びんに取り分け、洗面所のキャビネットの中など冷暗所に置き、残りはきちんと密封して冷蔵庫に保存するようにします。

毎日使う分までいちいち冷蔵庫から出すのは面倒ですので、便利な冷暗所に置くわけですが、常温でも1ヵ月なら、心配なく使えます。

また、冷蔵庫に空気を遮断してきちんと保存すれば、1年間は心配なく持たせることができますが、品質保持期限内には使うようにしましょう。

ククイナッツ油に限らず、リノール酸、リノレン酸を多く含んだオイルが酸化した場合には、せっかくの美容効果はすべて失われ、それどころか肌に刺激を与えるようになってしまいます。

デリケートで効果の高いオイルを使うときには、くれぐれも保存方法に留意してください。

13

月見草油

「王の万能薬」と呼ばれた薬草は、貴重なγ《ガンマ》‐リノレン酸源

月見草の種から採れるオイルです。

主産地は北米、イギリス、中国、地中海沿岸など。アメリカ東部の先住民インディアンの間では、皮膚病、ぜんそく、炎症などの治療薬として用いられていました。ヨーロッパでも、月見草は薬草として使われた歴史が長く、「王の万能薬」という愛称がついています。

必須脂肪酸の「リノール酸」が約70%で、大変軽くのびのよいスキンケアオイルです。

アロマテラピーでは、マッサージオイルや美容オイルとして使われます。

アロマテラピーのお店で、ベースオイルとしてマッサージ用のものを手に入れることができます。

月見草油の最大の特徴は、約9%の「γ《ガンマ》‐リノレン酸」を含んでいることです。

アトピー性皮膚炎の原因として「α《アルファ》‐リノレン酸」の不足が言われる場合と、このγ‐リノレン酸の不足が原因とされる場合があります。

アトピー性皮膚炎の方にかぎらず、確かにさまざまな肌の不調にとって、月見草油との相性がいいという人もいれば、くるみ油、パンプキンシード油、ククイナッツ油やローズヒップ油、しそ油、えごま油、亜麻仁《あまに》油などのα-リノレン酸系のオイルのほうが合うという人もいます。

自分はどのタイプなのか、素材としてのスキンケアオイルとの相性は、最終的には各人が確かめてみるしかありません。それぞれのオイルの一般的な特徴を理解した上である程度のねらいを定め、試してみましょう。

ヨーロッパやアメリカ、オーストラリア、ニュージーランドなどでは、食用の月見草油も一般に使われています。日本では食用のものは手に入れにくいのが現状ですが、化粧用、アロマテラピー用のオイルを手に入れることができます。

月見草油は、リノール酸とリノレン酸の割合が大変高いので、とてもデリケートで傷みやすいオイルです。開封後は冷蔵庫に保存し、品質保持期限内に使うようにしましょう。

食用のものが手に入って試してみようとするなら、やはりとても酸化しやすいオイルですので、必ずサラダドレッシングなどとして生で摂るようにし、開封したあとは、冷蔵庫に保存しましょう。

14

ローズヒップ油

天然ビタミンCがいっぱいの野バラのパワー

ローズヒップという、野生のバラの実（種）から採れるオイルです。

南米や北欧が主産地で、ヨーロッパでは古くから切り傷や、やけどの民間治療薬として使われてきました。細胞再生効果、しわの防止、しみのできた肌の回復などに効果があるとして、特にチリでは愛用されているようです。

皮膚の炎症やしわ防止、しみの回復に効果があるのは、健康な肌の新しい組織を生み出すのに不可欠な必須脂肪酸である「リノール酸」を44％と、特に不足しがちな「α《アルファ》‐リノレン酸」を35％も含むということが決めてです。

その脂肪酸の構成バランスは、ククイナッツ油ととてもよく似ています。そのまま美容オイルやバスオイルとして使えるほか、トラブル肌用のクリームやマッサージオイルの材料としても使えます。

アロマテラピーのお店などで化粧用のものが手に入ります。

ローズヒップ油やククイナッツ油などのように、効果が高いけれどデリケートで酸化しやすいオイルは、酸化に強いホホバオイルやオリーブオイル、椿油などとブレンドして美容オイルにし、それぞれのスキンケア効果を取り入れながら、同時にオイルの寿命も延ばすといった使い方もできます（「ブレンド美容オイル」の作り方は、あとのレシピ編を参考になさってください）。

前にもお話ししたように、私はα-リノレン酸効果をスキンケアに取り入れる場合には、ククイナッツ油を愛用していますが、ローズヒップ油もオイルの性質上、同じような働きをするオイルであると考えられますので、ご自身の肌との相性、手に入りやすさなどで選択するといいでしょう。

私はローズヒップ油の原料であるローズヒップそのものを、ハーブティーやジャムなどにして、日常的に愛用しています。最近は日本でも、ハーブのお店などでローズヒップの実を乾燥させてくだいたものが手に入れやすくなりました。

ローズヒップの実（種）には、レモンの20倍とも言われるほど豊富なビタミンCが含まれていて、風邪薬や天然ビタミンCのサプリメントの材料となっているほどです。天然ビタミンCを普段の生活でたくさん取り入れれば入れるほど、美しい肌作りに直結することは、ご存知のとおり。なんといっても、ローズヒップは、ほのかでさわやかな酸味がとてもおいしいのです。

乾燥ローズヒップはそのままでは硬くて歯がたたないほどですが、私は、水で柔らかくなるまで煮て、はちみつを加えたローズヒップジャムを作り置きして、ヨーグルトにそのまま加えて食べたり、ハーブティーの甘みづけに使ったり、サラダのドレッシングに混ぜたりと頻繁に使います。

ハーブティーとして乾燥ローズヒップを使うときは、ミルなどで細かく挽《ひ》いて使うと、ビタミンC、B群、Eなどの成分が溶け出しやすくなり、味もよく出ます。

乾燥ローズヒップは、常温で通常の乾物食料のように扱うことができますが、ローズヒップ油はリノール酸、リノレン酸主体の大変デリケートなオイルですので、開封後は必ず冷蔵庫で保存しましょう。ククイナッツ油よりも酸化が速いぐらいなので、使用するたびに冷蔵庫から出して使うほうが安心なようです。

冷蔵庫に空気を遮断してきちんと保存すれば、半年～1年間は持たせることができますが、品質保持期限内には使いきるようにしましょう。

どのオイルもそうですが、酸化してしまった場合には、においではっきりとわかります。新しいときとくらべ、少しでもにおいが変化したと思ったら、使うのはやめましょう。本来スキンケア効果が高くデリケートなオイルほど、酸化したときには逆効果となってしまいます。

15 しそ油、えごま油

良さが見直された、日本、中国伝統の健康オイル

しその種を搾ったものがしそ油、同じシソ科の植物である荏胡麻《えごま》の種を搾ったものがえごま油です（音が似ていても、「えごま」と「ごま」はまったく別種の植物で、オイルの性質もまったく違っていますので念のため）。

シソ科の植物には、赤しそ、青しそ、白しそ、荏胡麻などの種類がありますが、その種を搾ったオイルは、みんな基本的にとても似た性質と働きがあり、同じような使い方ができます。

また、えごま油がしそ油、しそ油がえごま油として売られていることもあるぐらいですので、ここではまとめてご紹介します。

「リノール酸」や「リノレン酸」といった必須脂肪酸は、健康と美容にとって欠かすことのできないものです。

ただ、あまり脂肪酸のことなど意識せず、「サラダ油」や「天ぷら油」を普段の調理に使い、加工食品中に含まれている食用油の種類を確かめずにそのまま摂取するという現代的な生活で

は、リノール酸ばかりを取り入れて、リノレン酸はまったく摂れないことになってしまいがちです。そして、いつのまにか、リノール酸とリノレン酸の適切な摂取バランスが大きく崩れてしまうということが、世界的に共通の徴候となってきました。さらに、それがさまざまな病気やからだの不調をひきおこしているということが、はっきりしてきたのです。

そこで、栄養学の立場からは、意識して「α《アルファ》‐リノレン酸」を摂ることが推奨されています（もしかすると、α‐リノレン酸というより、「オメガ3系脂肪酸」ということばで耳にされているかもしれません）。

リノール酸はさまざまな油に含まれているのですが、α‐リノレン酸を豊富に含む油はそう多くはなく、意識して選んでいかないかぎり、なかなか摂るのがむずかしいのです。

しそやえごまは中国や朝鮮でも古来栽培され、医薬に用いられていて、日本でも千年以上も昔から、使われていたという記録が残っています。

漢方で「不老長寿」の薬として扱われていたとのことですが、その薬効は、必須脂肪酸であるα‐リノレン酸を豊富に含んでいるというところにあったに違いありません。

くるみ油やパンプキンシード油、ローズヒップ油など、それぞれの植物の世界の各生産地でα‐リノレン酸源となるオイルはいつも「特別にからだにいいオイル」と認識され、健康維持のために自然と生活に取り入れられてきたようです。

日本にもしそ油やえごま油があったのですが、原料が何か意識されることのない「植物油」「調理油」が安価に広まるにつれ、いつの間にか、すばらしい伝統のα-リノレン酸源が一時期、ほとんど姿を消してしまうことになりました。

けれども今、現代栄養学と油脂化学の研究が進んだことで、再びこうした油のよさが見直されつつあるところです。特に、アトピー性皮膚炎の症状改善にα-リノレン酸が必要であるということが指摘されてから、普段の食事に取り入れる方が増えたようです。

ていねいに圧搾法で作られたしそ油やえごま油は、こくがありながらさっぱりとした風味ですので、和の食卓にとてもよく合います。

リノレン酸の含有率が55%程度で飛び抜けて高いので、とてもデリケートで酸化しやすいオイルですから、加熱調理に使うことはできません。生のままで食べるようにしてください。

わが家では、和風、中華風、韓国風の和え物やサラダによく使います。

また、ゆでたてのうどんに刻みねぎか、ゆでオクラを刻んだものをたっぷり、さらにかつおぶし、すりごま、おろししょうがをのせ、生醤油《き》とえごま油（または、しそ油）をふりかけ、ゆずかスダチかレモンを搾ったものは、かなり頻繁にお昼のメニューに登場します（そうめんでもおいしくいただけます）。

食用として販売されているもの以外は手に入らないのが現状ですが、化粧用のオイルとして販売されているわけではないことを理解した上で、自分の肌には合っているからとスキンケアオイルとして利用している方もいらっしゃるようです。

確かにこれだけの高い割合で、α-リノレン酸を含む、さらっとした使い心地のオイルというのは、次にご紹介する亜麻仁油《あまにゆ》のほかはしそ油とえごま油だけですから、この脂肪酸の構成が自分の肌にはぴったりだという方にとっては、そうする以外の選択肢がないかもしれません。

私も、バスオイルとしてはたまに使うことがありますが、他のオイルと混ぜる場合でも、傷みやすいオイルですので、決して作り置きはしません。

光による酸化がとても速いので、開封前も必ず、日光、人工光を問わず光を避け、冷暗所に保存してください。開封したら、ほとんど生ものと考え、必ず冷蔵庫に保存しましょう。冷蔵庫に保存すれば、品質保持期限内であれば、半年ほどは持たせることができるようですが、なるべく早く使ったほうがいいでしょう。

16

亜《あ》麻《ま》仁《に》油《ゆ》（フラックスシードオイル）

北米発の健康オイル

亜麻の実（種）を搾ったオイルです。

アメリカ、カナダ、ロシア、インド、北アフリカ、南米など、さまざまな地域で栽培されていますが、近年、特に北米を中心に、亜麻仁油の高い「α《アルファ》‐リノレン酸」含有率が注目を浴び、アンバランスな油の摂り方からもたらされる、からだや皮膚のさまざまな不調を調整する健康食品として注目されるようになりました。

動脈硬化や心臓病の予防、血圧降下、皮膚疾患の改善など、いろいろな臨床効果が報告されているようです。

肌との相性がいいようであれば、バスオイルとして使うこともおすすめです。

その脂肪酸の構成の特徴を見ると、しそ油やえごま油ととても似た働きをするということがわかります。

医薬品をなるべく使わず普段の食生活を改善することで、体調を整えようとする北米の自然食の運動の流れの中で注目を浴びてきたオイルですので、あちらでは、無農薬、有機栽培の製品の開発が熱心に進みました。

オイルは新鮮なうちに、サラダにふりかけたり、和え物に使ったりするようにしましょう。もし亜麻の実が手に入れば、挽《ひ》いて、すりごまのような使い方をすることもできます。丸のまま乾物のように保存し、使うたびにこまめに挽くようにすれば風味が保たれ、手軽にα-リノレン酸を取り入れることができます（ハーブクラフト用のものではなく、食用のものであることを確かめてください）。

亜麻仁油は、しそ油、えごま油同様、オイルの中では最もデリケートで酸化の速い部類ですので、メーカーの中には、わざわざ完全遮光《しゃこう》の特別な容器を開発して販売するといったところもあります。

それだけのケアをしても、しそ油、えごま油よりもさらに酸化が速い感じを受けますので、開封後は冷蔵庫に保存し、2ヵ月ほどで使い切ったほうがいいようです。

	料理での使い方
	エキストラバージンオイルは、生のままサラダドレッシングにしたり、ソースのように使う風味オイルとして。ピュアオリーブオイルは炒め物、揚げ物など加熱料理に。
	生のままでも使えるが、熱にも強いため、加熱料理、特に天ぷらなどの揚げ物にもよく、くせがないので料理を選ばない万能オイル。太白ごま油と同じように使え、太白ごま油と半々に合わせると、健康的で美味な上質の天ぷら油になる。
	ヘーゼルナッツの甘く香ばしい風味が美味で、熱にも強いので、加熱料理やバターの代わりに焼き菓子作りにもよい。生のままサラダドレッシングやソースとしても。
	傷んだ胃壁を修復させるとされるので、胃が弱っているときの調理オイルによい。にんにくやとうがらし、ハーブをつけ込んで風味オイルに。ソテーなど加熱料理にもよい。
	食用のものはないので、料理には使えない。
	香り高いアーモンドの風味を生かして、サラダドレッシングやソテー用のオイルとしても。お菓子作りにバターの代わりに使うのもよい。
	葉緑素、各種ビタミンを多く含み、豊かな風味があるので、サラダドレッシングに使うとよい。オリーブオイルのようにソースとして使うこともできる。
	馬肉やこおね脂のさしみなどとして摂る以外には、100%馬油を食用油として入手するのはむずかしい。

16のオイルの使い方早見表

オイル名	スキンケアの効能
1 オリーブオイル (詳しい説明は95ページ)	皮脂成分であるオレイン酸、スクワレンによるとても豊かな保湿力。
2 椿油 (詳しい説明は100ページ)	皮脂成分であるオレイン酸によるとても豊かな保湿力。その効能は、オリーブオイルと双璧。
3 ヘーゼルナッツ油 (詳しい説明は105ページ)	皮脂成分であるオレイン酸によるとても豊かな保湿力。南米産のものには細胞再生を促す皮脂成分、パルミトレイン酸も含まれている。
4 マカデミアナッツ油 (詳しい説明は108ページ)	皮脂成分であるパルミトレイン酸による新細胞成長促進機能。傷の修復や荒れ肌の回復を促す。アンチエイジング効果。オレイン酸による豊かな保湿力。
5 ホホバオイル (詳しい説明は112ページ)	皮脂成分であるロウによる皮膚の保護効果。肌を摩擦や外気の刺激から守り、つやつやとさせる。
6 スイートアーモンド油 (詳しい説明は115ページ)	オレイン酸とリノール酸のブレンドによる豊かでバランスのとれた保湿力。必須脂肪酸であるリノール酸による皮膚調整機能。ベビーオイルによい。
7 アボカド油 (詳しい説明は118ページ)	皮脂成分であるオレイン酸による豊かな保湿力。アレルギー源となりにくい安全性。ベビーオイルによい。
8 馬油《ばあゆ》 (詳しい説明は121ページ)	皮脂成分であるオレイン酸、パルミトレイン酸と、必須脂肪酸であるリノール酸、リノレン酸をバランスよく含み、やけどや傷のケアによい。

	料理での使い方
	くせがないので、和風、中華風の炒め物、油を使う焼き物や揚げ物、天ぷらなど、オリーブオイルやナッツの風味が合いにくい加熱料理によい。長時間加熱すると、ごまの風味が強く出てくる。
	各種ビタミン、ミネラルを豊富に含む最も栄養的に優れたオイルのひとつなので、生食で積極的に取り入れたい。香ばしいかぼちゃの種の風味は、サラダドレッシングやパスタオイル、ソースなどの風味オイルとして。
	食用植物油としてはとても貴重なリノレン酸源なので、健康のため生食で積極的に取り入れたい。香ばしいくるみの風味は、サラダドレッシングやパスタオイル、ソースなどの風味オイルとして。
	食用のものはないので、料理には使えない。
	食用のものは手に入りにくいが、γ-リノレン酸源として貴重。リノレン酸は熱で酸化しやすいので、必ずサラダドレッシングなどとして、生で摂るようにする。
	食用のものは手に入りにくいが、α-リノレン酸源として貴重。リノレン酸は熱で酸化しやすいので、必ずサラダドレッシングなどとして、生で摂るようにする。
	日本で手に入りやすい食用として大変貴重なα-リノレン酸源。熱で酸化しやすいα-リノレン酸を多く含むので、必ず生で摂るようにする。サラダドレッシングとして、また和え物のたれなどに。
	最も多くのα-リノレン酸を含む食用オイル。熱でとても酸化しやすいので、必ず生で摂るようにする。サラダドレッシングとして、また和え物のたれなどに。

オイル名	スキンケアの効能
9 太白《たいはく》ごま油 (詳しい説明は123ページ)	必須脂肪酸であるリノール酸によるさらりとした保湿と皮膚調整機能。セサミン、セサモリン、セサモールによる紫外線吸収効果と抗酸化作用。
10 パンプキンシード油 (詳しい説明は126ページ)	必須脂肪酸であるリノール酸とリノレン酸による皮膚調節機能。さらりとした保湿。リノレン酸をほとんど含まないタイプのものもある。
11 くるみ油 (ウォルナッツオイル) (詳しい説明は129ページ)	必須脂肪酸であるリノール酸とリノレン酸による皮膚調節機能。さらりとした保湿。
12 ククイナッツ油 (詳しい説明は131ページ)	必須脂肪酸であるリノール酸、リノレン酸による強力な皮膚調整機能。にきび、日焼けで傷んだ肌の修復、あかぎれ、ひびわれを伴うほどの乾燥肌に。切り傷、やけど、消炎、鎮痛。α-リノレン酸不足が原因のアレルギー性湿疹によい。
13 月見草油 (詳しい説明は135ページ)	必須脂肪酸であるリノール酸、リノレン酸による強力な皮脂調整機能。消炎、鎮痛作用。γ-リノレン酸不足が原因のアレルギー性湿疹に特によい。
14 ローズヒップ油 (詳しい説明は137ページ)	必須脂肪酸であるリノール酸、リノレン酸による強力な皮膚調整機能。α-リノレン酸不足が原因のアレルギー性の湿疹によい。
15 しそ油、えごま油 (詳しい説明は140ページ)	必須脂肪酸であるリノール酸、リノレン酸による強力な皮膚調整機能。消炎、鎮痛作用。α-リノレン酸不足が原因のアレルギー性の湿疹によい。
16 亜麻仁油《あまにゆ》 (フラックスシードオイル) (詳しい説明は144ページ)	必須脂肪酸であるリノール酸、リノレン酸による強力な皮膚調整機能。消炎、鎮痛作用。α-リノレン酸不足が原因のアレルギー性の湿疹によい。

スキンケアの目的別オイルの探し方

それでは、自分に合う美容オイルの素材を探し出していくやり方をご説明しましょう。

もし、肌がパーフェクトなコンディションであれば、角質は水分で潤い、必要な皮脂成分はちゃんとまかなわれていて、しみも吹き出ものもなく、つるつるすべすべのはず。

そもそも化粧水や美容オイルなど必要ないわけです。でも実際は、どうもそういうわけにいかないことが多く、やっぱり何かが欠けているわけで、だからスキンケアが必要となってくるわけですね。

自分の肌に、何を補給しなければならないのかを判断する基本的な方法を、スキンケアをするときの次の9つの目的に分け、153ページの表を参考にお話ししていきましょう。

3　美しい肌に必要なものⅠ　――「水」と「オイル」

1　保湿
2　しみ、しわ、アンチエイジング対策Ⅰ
3　傷、肌荒れ、にきび対策
4　使用感の軽さ
5　特殊な肌の不調を整える
6　紫外線によるダメージのケア
7　にきび、吹き出ものの予防
8　しみ、しわ、アンチエイジング対策Ⅱ
9「美白」ケア

脂肪酸の種類によるオイルの特徴のめやす

	保湿力	伸びの良さ（使用感の軽さ）	酸化安定性（傷みにくさ）
オレイン酸	★★★★	★	★★★★
パルミトレイン酸	★★★	★★	★★★★
リノール酸	★★	★★★	★★
リノレン酸	★	★★★★	★

スキンケアのポイントとなる脂肪酸の割合（%）

		オレイン酸（保湿力）	パルミトレイン酸（肌の再生を促す・保湿力）	リノール酸（使用感の軽さ）	リノレン酸（肌の調子を整える・使用感の軽さ）	備考
1	オリーブオイル	73.8	0.6	11.1	0.4	スクワレンを含む
2	椿油	85.0		4.1	0.6	
3	ヘーゼルナッツ油（欧州産）	76.4	0.2	16.3	0.2	
	ヘーゼルナッツ油（南米産）	41.9	24.0	8.9		
4	マカデミアナッツ油	56.4	21.8	2.8		
5	ホホバオイル	11.9	0.4	0.2		ロウが主成分（全体の50%）
6	スイートアーモンド油	66.3	0.5	22.3		
7	アボカド油	65.3	4.6	15.9	1.0	
8	馬油	35.5	7.0 *1	10.8	9.5	*1 たてがみの下の脂肪は約15%となる
9	太白ごま油	39.2		45.8	0.1	
10	パンプキンシード油	31.0		48.0	15.0	
	パンプキンシード油	22.0		53.0	0.6	
11	くるみ油	19.1	0.2	57.4	13.1	
12	ククイナッツ油	19.8	0.1	41.8	28.9	
13	月見草油	11.9		70.6	9.5 *2	*2 月見草のリノレン酸はγ-リノレン酸
14	ローズヒップ油	14.0		44.0	35.0	
15	しそ油	20.7		12.1	55.0	
	えごま油	14.4		14.3	57.1	
16	亜麻仁油	14.5		15.4	60.6	

1 保湿

●普段のスキンケアの大切な目的の第一が「保湿」です

「私は、乾燥肌だから、保湿力たっぷりのスキンケア用品を使おう！」と思った人でも、「保湿力たっぷり」の中身については、あまりつっこんでみないことが多いようです。そこで、まずはそこから考えてみることにしましょう。

実は、ひとくちに「保湿が必要」といっても、その実際の内容は、状況によっていろいろ違うことが考えられます。

まず、一番多いケースは、「水分」そのものが足りない場合。

「足りないのは純粋に水分だけ」という場合、必要なのは、「美容オイル」ではなくて、「化粧水」です。

そこの判断を間違って、水分を補給せずに、ただ「乾燥するから」といって、美容オイルやクリームをいっぱいぬっていても、いつまでたっても状況はよくなりません。

その次に考えられるのが、水分を閉じ込める「皮脂の成分」を分泌する力が肌に足りないために、どんなに水分を補給してもどんどん乾いてしまうケースです。

このとき初めて、皮脂の成分を含んだ「美容オイル」の出番となります。

そしてもし、「皮脂の成分が足りない」としたら、次に考えなくてはならないのは、「皮脂の成分のうちの何が」足りていないのか？　ということ。

ここまで考えて、自分に足りない皮脂の成分を特定できたら、その成分を含んだオイルを美容オイルの素材として選べばいいわけです。

オリーブオイルか椿油か？

それではまず153ページの表（「スキンケアのポイントとなる脂肪酸の割合」）を見てください。オイルは基本的に上から、保湿力の高い、使ったときの感触がこってりとしたものから順に並べてみました。

下のほうへ行けば行くほど保湿力は低くなり、その代わり、使用感はさらりとしてのびがよくなっていくというわけです（メーカーによる精製の仕方や、使う材料によって、同じ種類のオイルであっても、保湿量や使用感に多少ばらつきは出ますが、だいたいのところ、このような順になっているということです）。

その保湿量を大きく決めるのが第一に、「オレイン酸」と「パルミトレイン酸」を合計した割合です（パルミトレイン酸にも、しっかりとした保湿力がありますが、オレイン酸より、やや弱めとなります）。

オリーブオイルと椿油は、オイルの中でもずば抜けて豊かな保湿力を持っていますが、その理由は全脂肪酸の量に占めるオレイン酸の割合が、73・8％、85％というふうに、とても高いからなのです。

このオリーブオイルと椿油は、こってりとしたほぼ互角の保湿力を持っています。

オレイン酸の割合だけで言えば、椿油のほうが高いわけですが、前にも触れたように、オリーブオイルには脂肪酸とは別に、スクワレンという、皮脂にも含まれている保湿成分が含まれています。これはオレイン酸とは別種の、しっかりとした保湿力を持っていますが、椿油には含まれていません。

あなたの肌は、オレイン酸とスクワレンの両方必要でしょうか？

それともオレイン酸だけで、たっぷり保湿をしたほうがいいのでしょうか？

その違いで、「オリーブオイル」と「椿油」では、どちらがあなたの肌と相性がいいのかが、決まってくるというわけです。

●最も保湿量の多いグループ

「オリーブオイル」「椿油」「ヘーゼルナッツ油」「マカデミアナッツ油」

表の次にあるのが「欧州産ヘーゼルナッツ油」。

こちらも「オレイン酸」が76・4％とたっぷりですので、基本的にはとても豊かな保湿力を持っています。椿油の兄弟分と言っていいでしょう。

同じ欄の下の「南米産ヘーゼルナッツ油」と4番目の「マカデミアナッツ油」。

このふたつのオイルの場合には、保湿量は、「オレイン酸」ともうひとつ隣の欄にある「パルミトレイン酸」を合計した量で考えてください（パルミトレイン酸には、保湿以外にも、「肌の再生を促す」という別の役割がありますが、それについてはあとで説明します）。

以上のオイルは、オイルの中でも、最も保湿力が高い第1グループに属するわけですが、その保湿力の内容（皮脂成分）のタイプには、

①「オレイン酸」＋「スクワレン」――――オリーブオイル

②たっぷりの「オレイン酸」――――椿油、欧州産ヘーゼルナッツ油

③「オレイン酸」＋「パルミトレイン酸」――――南米産ヘーゼルナッツ油、マカデミアナッツ油

というバリエーションがあるわけです。

あなたの肌には、どの皮脂成分が不足していて補う必要があるかで、美容オイルとして合うオイルが決まってきます。それを確かめるには実際に使って感触を確かめるしかないわけですが、迷った場合、まずはオリーブオイルから試してみるのがおすすめです。

まずは「オリーブオイル」を試してみる

昔から、「オリーブオイルを原料にした石けんが肌にいい」とされてきた理由は、ほかでもなく、皮脂成分の「オレイン酸」と「スクワレン」を含んでいることです。

そのために、「オリーブオイルが肌に合う」という人の数がとても多いということなのです。

ですから、オリーブオイルを試してみて、もしあなたがそれだけでばっちりスキンケアができるなら、それはとても話が簡単で、すばらしく幸運なことです。

オリーブオイルはとても手に入りやすいオイルでもあります。良質の「エキストラバージンオリーブオイル」と呼ばれるものをそのまま美容オイルとして使えばよいのです。

試してみるときには、第5章に、洗顔の仕方、化粧水、美容オイルの使い方を詳しく説明してありますから、その手順でやってみてください。

あるオイルが「合わない」というときに、それがオイルの種類のせいではなく、「分量が多すぎたため」、ということがとても多いようです。

美容オイルとして必要なのはたったの1、2滴、または多くても2、3滴ほどです。それをきれいにのばす方法を、223ページでご説明していますので、ぜひそれで、まずオリーブオイルの使い心地を試してみてください。

さて、それでもし、オリーブオイルとの相性が合えば、そこで一件落着ですが、もし合わなかったらオリーブオイルを試したときの感じをまず、「感触の基準」として覚えておき、次を探しましょう。

比べる基準があるとき、探しものはずっと楽になります。道に迷ったときにコンパスを手にしているようなものなのですから。

●次に、別の保湿成分「ロウ」を持つ「ホホバオイル」を

153ページの表の上から5番目に、「ホホバオイル」があります。

ホホバオイルも保湿力たっぷりの美容オイルですが、その保湿の性質は、1番から4番までの第1グループのオイルとは根本的に違っています。同じ皮脂成分でも、オレイン酸やパルミトレイン酸による保湿ではなくロウによる保湿なのです。

この表は脂肪酸だけをまとめたものですが、ホホバオイルはその50%が「ロウ」という成分です。それによって、すべすべとした感触の保湿膜、保護膜を肌の上に作ってくれるわけなのです。

ロウはすべりがよく、肌にすっとなじむ感じですが、保湿としては、とても豊かでしっかりとしたものになります。

次に、オリーブオイルが合わずに、ホホバオイルが合った人の例をご紹介しましょう。

オリーブオイルからホホバオイルに切り替えたAさんの場合

友人のAさんのお話です。

彼女は、家の中にいるかぎり、肌が乾くと感じることはあまりないけれど、「外に出ると、すぐに肌がかさかさに乾いてしまう。乾燥肌かも……」と感じていました。

そこで、「きっと保湿が足りないんだわ。だったら、手に入りやすくて保湿力がたっぷり入っているというオリーブオイルをまず試してみよう」と考えたのでした。

実際に使ってみたところ、確かにしっとりとはするのだけれど、家にいるときは何だか少し肌が重たい感じ。それなのに、外に出ると、相変わらず乾燥がひどい気がします。

そこで、次に、保湿の性質が違う「ホホバオイル」を試してみることにしました。

すると、いきなり事態は好転。外出時の肌のコンディションがぐっとアップしたのです。

それはこういうわけでした。

皮脂全体の約20%を占める「ロウ」は、寒風や熱風などの外気の刺激から、肌を保護する役割をしています。

Aさんの場合（自分では最初は知る由もないわけですが）、皮脂の中の「オレイン酸」（オリーブオイルが含む成分）は十分自力で出すことができていたようです。

そして、足りなかったのは、同じ保湿成分でも、ロウ（ホホバオイルが含む成分）のほうだったのです。

このため、Aさんは、オリーブオイルだけでケアしていたときは、すでに十分あるオレイン酸を余分に重ねてつけていただけ。そして足りないロウはちっとも補えていなかったということだったのです。

実は、過剰なオレイン酸は、肌の上の常在菌の繁殖を促します。ですから、もしもその中に、にきびの原因になるような菌が入っていたとしたら、かえってそれを刺激して、「肌が乾燥するという実感があるのに、にきびが出てしまいました」ということにもなりかねません。

オイルにはそれぞれ得意分野ともいうべきものがあるわけで、ほんのちょっとしたことなのですが、「自分に合った性質の保湿をしてくれる」オイルにたどりつければ、日々の気持ちよさをうんと高めてくれるのです。

「オリーブオイルをつけても、何か違うなっていう感じだったんだけど、ホホバオイルに変えてみたら、超ごきげんなの」とは彼女の言。

ただし、Aさんにとってホホバオイルがすごくよかったからといって、「私も乾燥肌」と自覚するBさんにも、ホホバオイルがぴったり、というわけでは必ずしもないこともおわかりいただけるでしょう。同じ「乾燥肌」といっても、Bさんにとっては、別の性質のオイルが必要かもしれないからです。

あるいは、オリーブオイルとホホバオイルを半々に混ぜたら、「私の肌には絶妙のバランスよ!」となるかもしれません。オイルの性質を知り、肌の感触を確かめていけば、そんなふうに「これとこれをちょっと混ぜて使ってみたら、とってもいいかも」というひらめきも生まれてきます。

それでは次に、「保湿の性質」と同様に大切な、「保湿の量」についてお話ししましょう。

●「オレイン酸」の割合が低くなると保湿量が少なくなる

表の上のほうの第1グループは、最も保湿量が多いオイルであるということに触れました。そして第2グループは、6と7の「スイートアーモンド油」と「アボカド油」です。

これは両方とも「オレイン酸」の割合が60%台。

冬でもしっかりと、肌を柔らかく保ってくれる豊かな保湿力がありますが、1から4までの第1グループのオイルにくらべると、保湿量はやや少なくなります(ホホバオイルにも豊かな保湿力がありますが、保湿の性質が違うため、ここではちょっとはずしておきます)。

「オレイン酸中心の保湿は欲しいけれど、オリーブオイル、椿油、ヘーゼルナッツ油、マカデミアナッツ油では、ちょっと使用感が重すぎる」と感じる方におすすめです。

スイートアーモンド油とアボカド油は、それぞれ、ヨーロッパと北米で、天然ベビーオイルとして使われているオイルです。

第1、第2グループのオイルと相性のいい方は、一般的に言うと「乾燥肌」と言えるでしょう。

第3グループを形成するのは、8～10の馬油《ばあゆ》、太白《たいはく》ごま油、パンプキンシード油です。この3つは、オレイン酸の割合が30％台。ただし、馬油はパルミトレイン酸を含みますので、それを合わせると40％台となり、このグループの中では、やや多めの保湿量となります。

第3グループは、第1、第2グループにくらべ、かなり軽いさっぱりとした使い心地となり、このあたりの保湿量を心地いいと感じる人もかなりいるようですが、この方たちは、一般的な呼び方で言うと、「ノーマル肌」から「脂性肌」となるようです。

第4グループは、11から16までのくるみ油、ククイナッツ油、月見草油、ローズヒップ油、しそ油、えごま油、亜麻仁《あまに》油で、オレイン酸の割合は10％台から20％強です。ライトなタイプのオイルとなります。

これらのオイルはスキンケアの目的とその有効成分が、保湿のためのオレイン酸ではなく、まったく別のところにあることがほとんどです。

これを目安に、自分に合った「保湿量」がどのあたりなのかを探してみてください。

2

しみ、しわ、アンチエイジング対策Ⅰ
（「パルミトレイン酸」によるケア）

女性が年齢を重ねるにつれ、「スキンケアの重大なポイント」というと、なんといっても真っ先に挙がってくるのが、これらの対策かもしれません。

肌の老化は、「自力で分泌できるパルミトレイン酸の量が減っていくこと」と大きく関わると言われています。実際、30歳を過ぎると分泌量がどんどん少なくなっていくことが報告されています。

ところで「パルミトレイン酸」は、皮膚の細胞組織の再生に不可欠な脂肪酸です。

たとえば、しみが消えるためには、新しいきれいな細胞が生まれてこなければなりません。しわをのばすにも、水分補給以外に、しわが刻まれた古い皮膚の細胞が、スピーディーに新しいものに入れ替わってくれることが必要になります。

パルミトレイン酸がちゃんと足りていなければ、新しい元気な肌の細胞が生まれるスピードが遅くなっていくと考えられますから、こうしたアンチエイジング対策にとって、これはとても大事な成分なのです。

そこで、表を見ていただくと、パルミトレイン酸を含んでいるオイルは、かなり限られていることがわかります。

この「アンチエイジング脂肪酸」が一番多く含まれているのは、南米産ヘーゼルナッツ油の24％と、マカデミアナッツ油の21・8％です。

ただ、日本では現在のところ、南米産ヘーゼルナッツ油が手に入りにくいので、パルミトレイン酸をたっぷり補給したい場合は、マカデミアナッツ油がおすすめです。

その次に多いのは馬油《ばあゆ》の7％（たてがみの下の「こおね脂」にはその約2倍のパルミトレイン酸が含まれています）。それから次にアボカド油の4・6％。

これ以外のオイルは、パルミトレイン酸源としては、考えにくいと言っていいでしょう。


マカデミアナッツ油1本で、他には何もいらないというBさんの場合

Bさんは、この「シンプルスキンケア」を始めたとき、「乾燥肌だし、たっぷり保湿をしたいから」と、まずはやはり、オリーブオイルを試してみました。

「ほとんど満足なんだけど、ほんのちょっとだけ、重い感じがするのよねー」とのこと。

「すこーしだけ軽めのものがないかしら？　それから虫がいいようだけど、ついでにアンチエイジング対策もできるとうれしいんだけど……」

そこで、次に試したのが「マカデミアナッツ油」。

保湿力はたっぷりだけど、オリーブオイルよりは、ほんの少し軽めの使い心地です。

やや軽めの使用感が欲しいというのが第一の目的ですから、美容オイルとしては食用でなく、製法上、より軽いアロマテラピー用のものを選びました。

そして、アンチエイジング対策を内からも外からも進めようと、調理に食用のマカデミアナッツ油を取り入れることにしました。

すると、つけ心地がとても気にいったということで、しばらく使い続けるうちに彼女から、「若い頃は、しみができてもすぐ消えていたのに、最近はなかなか消えにくくなっていたの。それがね、この前、うっかり鼻の横を爪でひっかいて、その傷がしみになっちゃったんだけど、この方法を試していたからなのか、消えるのが速かったのよー！」と明るい声で報告がありました。

「それから、なんだかくすみが取れてきたような気がするの。顔色がよくなったって言われるし」

食用オイルのことをきいてみると、

「マカデミアナッツ油、食べるほうもいい感じよ。にんにくを漬け込んでパスタに使うことが多いかな。ただ、調理油としては独特な風味があるから、いつもマカデミアナッツ油というわけにはいかないので、太白《たいはく》ごま油と併用っていうパターン」
（太白ごま油はくせもなく、「セサミン」「セサモリン」「セサモール」による抗酸化作用があり、アンチエイジング食用オイルの代表格のひとつと言えます）
「でも、スキンケア用の美容オイルとしては、私の場合は、マカデミアナッツ油1本だけで大丈夫みたい。ほんとうに楽で、バンザーイって言う感じ！」

彼女のように、スキンケアはそれ1種類だけでOKというオイルに出会えるのはとてもラッキーなパターンです。

マカデミアナッツ油だけで、オレイン酸とパルミトレイン酸の2種類の保湿成分が補給できるわけですが、それに加えてスクワレンによる保湿も欲しいなら、「マカデミアナッツ油」と「オリーブオイル」を半々にすることもできます。

同じように、もしロウによる保湿が必要な場合はホホバオイルを混ぜればいいということになります（オイルを簡単にブレンドして使う場合の具体的な方法は、あとのレシピの章でごらんください）。

3 傷、肌荒れ、にきび対策

「パルミトレイン酸」は、肌の細胞の再生に関わっているわけですから、アンチエイジングだけでなく、傷や肌荒れ、つぶれてしまったにきびなどを回復させるのにも、助けになります。

若さいっぱいで、まだ自力でパルミトレイン酸をちゃんと分泌できるという場合でも、いろいろなトラブルで肌に傷があるときは、肌は普段以上にがんばって新しい細胞を作り、回復しなければならないわけですから、それを助ける成分を補給することは理にかなっています。

その場合、「マカデミアナッツ油」(手に入れば「南米産ヘーゼルナッツ油」)か、「馬油《ばあゆ》」で取り入れるといいでしょう。

「アボカド油」にも、5%近くのパルミトレイン酸が含まれています。

ですから、普段使いの美容オイルとしてはとてもおすすめですが、傷があるなど、普段とは違う肌の不調を調整したいときには、それよりも多めのパルミトレイン酸を含んだオイルのほうが、効果が出ることが多いようです。

馬油を選んだCさんの場合

Cさんは、若くてにきび性。しかも、脂性肌でもあり、保湿は十分足りているという感じを持っていたので、オリーブオイルや椿油のように、保湿量の多いオイルは合わないか

もしれないという予想をたてました。

肌の上にのっているオレイン酸が多すぎると、にきびの原因になる菌を増やしてしまうことにもなりかねません。そこで、マカデミアナッツ油（オレイン酸56・4％）とくらべて、オレイン酸は35％程度と少なめでも、傷の治りを助けてくれるパルミトレイン酸を7％含んだ「馬油」を美容オイルとして選びました。

その結果、にきびができるのが完全にストップしたわけではありませんでしたが、それまで気になっていたにきびの跡がうすくなり、新しいにきび跡ができることは、めったになくなったとのこと。

「以前は、肌のためにいいと思ってスキンケア用の基礎化粧品を厚ぬりしていたのだけれど、それが一番よくなかったのかも……。馬油にして、ずいぶんよくなったけど、それもほんとうに少量をつければいいのだということがわかりました。馬油に替えてからも、初めはやっぱりつけすぎだったみたい。ほんの少しにしてから、にきびはいきなり好転しましたから」（馬油に限らず、美容オイルとして適当なオイルの量は、確かにほんの1～3滴ぐらいです）。

その後、馬油にラベンダーの精油を加えてクリームを作り、スキンケアすることで、Cさんの毎日はいっそう快適になったそうです。

4 使用感の軽さ

これは「スキンケアの目的」といっても、効能の面ではなく、使い心地の感覚のお話になりますが、表に挙げたオイルを美容オイルとして使うとき、その使用感の軽さ、のびのよさ、肌へのなじみ方は、「リノール酸」と「リノレン酸」の割合を足した数字の大小を見ると予想がつきます。

リノール酸とリノレン酸を合わせた割合が多ければ多いほど、粘り気がなく、軽くてのびのいい使い心地となります。その中でもリノール酸よりはリノレン酸が多いほど、軽くなります。ただし、軽く感じられるということは、「保湿量が減る」ということでもあるのです。

たとえば、しそ油、えごま油、亜麻仁油《あまにゆ》を美容オイルとして愛用（食用として販売されているので自己判断で）している人もいますが、この3つのオイルは空気に触れると、乾燥する性質を持っているため、私の場合は(夏のバスオイルとしてはさっぱりしていて好きなのですが)、顔にぬるとかえって乾燥して感じられるほどなので、基本的には主に食卓で利用しています。

自分の肌にとって、どのぐらいののびのよさと保湿量が快適なのか、表を見ながら見当をつけて、実際に確かめてみましょう。

5 特殊な肌の不調を整える

(各種湿疹、特殊な乾燥肌、ひどい混合肌など)

ここで言う「特殊な肌の不調」とは、アレルギー性の湿疹や原因不明とされる湿疹、「スクワレン」や「ロウ」や「オレイン酸」で保湿分を補っても改善しない、ひどい乾燥肌などをさしています。

脂性肌と乾燥肌がひどく混合して、肌全体の調子を整えにくいという場合も含みます。

こうした肌のトラブルは、油脂化学に基づいた栄養学の研究が進むにつれ、からだ全体の脂肪酸のバランスが崩れることによって、起こる場合が多いとされるようになってきました。

特に、「必須脂肪酸」である、「リノール酸」と「リノレン酸」の量のアンバランスが問題とされています。必須脂肪酸というのは、からだが自分で生み出すことはできないけれど、健康な状態を保ち、からだのコンディションを調整するのに不可欠で、どうしても外から補給しなければならない脂肪酸のことです。

リノール酸は、皮膚の水分を保つ角質層のバリア機能と深く関わっていたり、皮脂腺の増殖を助けるなど、皮膚の健康にはとても大事な脂肪酸ですが、現代の普通の食生活では、足りなくなることはないと言われています。

と言うのも、体重60キロの人が1日に必要なリノール酸は、1〜2グラムだけで、ごはん2杯半に1・9グラム、卵1個に0・7グラム含まれていますので、仮にオイル自体を全然摂らなくても、リノール酸が不足することはあまりないのです。

しかも、「サラダ油」や「天ぷら油」などの一般的に調理に使われる調合オイルや、市販の食品のラベルに材料として「植物油」と記載されているものは、リノール酸が多いオイルであることがほとんどです。

それに対して、表を見ていただくとわかるように、「リノレン酸」は、それが含まれているオイルがやや特殊であるために、よほど意識しないかぎり、普段の食生活ではなかなか摂れなくなっています。

魚に含まれる油が健康にいいとされるのは、それがリノレン酸と同じ「オメガ3系脂肪酸」の供給源となるからです。肉料理や加工食品、一般的な植物油の量が増えるとリノール酸ばかりを摂ることになり、少々の魚ではバランスを取るにはとても追いつかないようです。

スキンケアのことに話を戻すと、リノレン酸には「α《アルファ》-リノレン酸」と「γ《ガンマ》-リノレン酸」があり、これらが欠けると、肌の調節機能を保つことはできず、その不足がアトピー性皮膚炎や、その他のいろいろな肌の不調の原因となっているのではないかと言われています。

α-リノレン酸は、くるみ油、パンプキンシード油、ククイナッツ油やローズヒップ油、しそ油、えごま油、亜麻仁油《あまにゆ》に多く含まれ、γ-リノレン酸は月見草油に多く含まれています。

実際のところ、γ-リノレン酸はリノール酸を元に体内で作られるので、リノール酸が十分に摂れていて、からだの調整機能が正常に働いているかぎりは、γ-リノレン酸が足りなくなることはないとされてはいるのですが、γ-リノレン酸を含んだ月見草油と実際に相性がよく、肌にぬることで肌のトラブルが緩和される人はいらっしゃるようです。

ククイナッツ油やローズヒップ油のようなα-リノレン酸系のオイルを補うことで症状が改善するという人はかなり多いのですが、もしもそれでピンと来ないというようであれば、月見草油を試してみる価値はあるようです。

通常のサラダドレッシングや和え物やつけだれに使うオイルをくるみ油、パンプキンシード油、しそ油、えごま油、亜麻仁油などに切り替えることで、体調、肌のコンディションともに、快調になるという方も多いですから、ぜひ楽しみながら、試してみてください。

なお、パンプキンシード油は健康によいオイルですが、α-リノレン酸源とはならない種類のものもありますので、その目的で使いたい場合はご注意ください。

6 紫外線によるダメージのケア

「ククイナッツ油」は、ハワイで伝統的に、紫外線によるダメージをケアしたり、やけどの治療薬として古くから使われてきました。その臨床的な効果が報告されていることから、今でもサンケア化粧品の材料としても使われています。

「ローズヒップ油」は、ククイナッツ油のように、サンケアにいいという報告こそされていないようですが、南米や北欧で、やはりやけどの民間治療薬として使われています。

表で、このふたつのオイルの脂肪酸の構成を見ると、とてもよく似ています。

私が個人的に、太陽アレルギーによる湿疹から解放されるために、ククイナッツ油を愛用するにいたった経緯は、131ページの「ククイナッツ油」の説明のところでお話ししましたが、あるとき、ククイナッツ油を切らしていた夏の2週間ほどの間、代わりにローズヒップ油を美容オイルとして使って、特に問題なくしのいだことがあります。

日本にいたときのことですし、たった2週間の個人的経験にすぎませんので、ハワイのビーチでのククイナッツ油の効果と同等のものがあったとは、決して申しあげられないのですが、ローズヒップ油を使わずにいたとしたら、はるかによくない結果になっていただろうことは予想できます。

それ以降、私の場合、紫外線によるダメージのケアを意識した美容オイルの素材は、第1の選択としてククイナッツ油を、第2の選択肢にローズヒップ油を使っています。

紫外線によって焼けた皮膚の細胞の回復を助けるにも、熱によって傷んだやけどの回復にも必須脂肪酸のバランスのいい働きが不可欠であることはまちがいないようです。

また、第3の選択肢として「太白《たいはく》ごま油」が挙げられます。

生のごまを搾った太白ごま油は、インドのアーユルヴェーダ医学では、医薬品のベースオイルとなってきた重要なオイルです。

インドにも陽射しの強い地域があり、ごま油が太陽光による肌のダメージを予防したり、回復させる力を持っているということが、経験的に伝えられてきたのだと思われます。やけどの治療薬のベースとしても使われています。

セサミン、セサモリン、セサモールという抗酸化物質が、紫外線吸収剤として働くために、特に北米では、自然素材系のサンケア化粧品に使われることもあります。

私の場合は、紫外線で湿疹が出るというケースで、太陽光にはかなり敏感な特殊な例かもしれませんが、ククイナッツ油を使い始めてからは、やはり、その効果にたよることが多いのです。でも、ククイナッツ油がなかなか手に入りにくかった頃は、太白ごま油を美容オイルとしてよく使っていました。

食用のものが肌に合わない方は、薬局で医薬品扱いの「局方《きょくほう》ゴマ油」を取り寄せてもらうといいでしょう。

「日に当たりすぎたかな？」と思ったら、食卓でも、パンプキンシード油、くるみ油、しそ油、えごま油、亜麻仁《あまにゆ》油などを使って、サラダや野菜料理をたっぷり摂るようにしています。「いりごま油」も食卓でよく使います。

茶色で香りの強いいりごま油を美容オイルとして使うのは難しいのですが、食用でしたら、香ばしい通常のいりごま油もアンチエイジング、紫外線によるダメージのケアを意識したオイルのひとつとしておすすめです。

7 にきび、吹き出ものの予防

にきびが破れて傷になってしまうような場合には、そのにきび跡の修復のために「パルミトレイン酸」が助けになることがあるということをお話ししましたが、普通のにきび、吹き出ものケアに、北米で「ククイナッツ油」を愛用している人は多いようです。

このオイルについては、臨床的に、にきびに効果があったという報告は多いのですが、まだどの成分が効くということがはっきり証明されているわけではなく、研究者によって、不足しがちな必須脂肪酸（主に「α《アルファ》-リノレン酸」）を補うことで、肌の調整機能が整えられるからではないかと推察されているという段階です。

ですから、ここからはあくまでも、私が普段観察して感じていることにすぎないのですが、周りでこのオイルをにきびケアに愛用している人の様子を見ていると、「オレイン酸」による保湿は全然必要ないというタイプの肌の人（オリーブオイルや椿油、ヘーゼルナッツ油、マカデミアナッツ油などのハイオレイン酸タイプのオイルがあまり合わない人）が多いのです。

表を見るとわかるように、ククイナッツ油は、オレイン酸の割合が19・8％と、とても低くなっています。

オレイン酸が過剰になりすぎることが、にきびにつながるタイプの方が多いことを考えると、オレイン酸が少なく、しかも必須脂肪酸のバランスを整えてくれるククイナッツ油が、にきびの予防にいいとされていることがうなずけるように思うのです。

そこでそんな人なら、とても似た脂肪酸構成のオイルであるローズヒップ油でも効くのではないかしらと試してみると、「確かにローズヒップ油でも同じような使い心地よ！」と言う人も出てきました。

「自分はやっぱりククイナッツ油がいい」という人もいますから、最終的には相性を確かめてみるしかないようですが、オレイン酸の割合が低くてα‐リノレン酸を含むオイルと相性がいいというにきび性の方がいらっしゃるというのは、確かなことのように思われます。

そんな方は、ドレッシングなどのオイルも、くるみ油や、しそ油、えごま油、亜麻仁《あまにゅ》油などにされるといいのかもしれません。

8

しみ、しわ、アンチエイジング対策Ⅱ
(「α-リノレン酸」によるケア)

ローズヒップ油が北欧や、特に南米チリで、皮膚の炎症やしわ防止、しみの回復に効果があるとされていることは137ページの「ローズヒップ油」の説明のところでお話ししました。

ローズヒップ油とククイナッツ油は脂肪酸の構成が大変よく似ています。

どちらの場合も必須脂肪酸である「リノール酸」を約40%と、特に不足しがちな「α《アルファ》-リノレン酸」を30%前後も含むということが、肌の新しい組織を生み出すのを助ける決め手とされていて、それが、しみやしわ対策に効果的という結果につながっているようです。

これらのオイルは、ぬったときに肌に大変なじみやすく、よく浸透します。皮脂腺や汗腺の働きを助ける理想的な保湿膜を作ってくれることから、使い心地が大変よく、年齢が上がるにしたがって、その良さを実感するようになる人が多いのも特徴です。

私は、先にご紹介した、「パルミトレイン酸」によるしみ、しわ、アンチエイジング対策と組み合わせて相乗効果が出ることを期待し、マカデミアナッツ油とククイナッツ油をブレンドして使うことがよくあります。

特に冬場で乾燥するときには、オレイン酸やパルミトレイン酸系の豊かな保湿が欲しくなることがありますので、マカデミアナッツ油を組み合わせることも増えます。

9
「美白」ケア
（「パルミトレイン酸」効果と「リノレン酸」効果を組み合わせる）

スキンケアによって肌を白くするというのはどういうことかをまず考えてみましょう。

薬品で漂白したり、レーザーで焼いたり、皮膚を移植したりということをしないとすれば、「肌を白く見せる」には、

1、肌の表面のきめをなめらかに整えることでつやを出し、光を反射させる

2、くすみを取って、肌色を明るくする

ことです。

1、2を同時に達成するためには、皮膚の細胞の新陳代謝を活発にすることが必要です。

そこで「パルミトレイン酸」による細胞再生効果と、「リノレン酸」による、からだ全体、および肌の不調を調整する効果を同時に取り入れることが有効だという予測が成り立ちます。

実際に試してみると、パルミトレイン酸もそうですが、特に「α《アルファ》-リノレン酸」を補うことで、体調が整い血行がよくなるのか、顔の血色も変わるという実感を持つ方は多いようです。

まず美容オイルとして、パルミトレイン酸を含んだマカデミアナッツ油か馬油《ばあゆ》とリノレン酸を含んだククイナッツ油やローズヒップ油、月見草油を組み合わせて使います。「ローズ」や「ネロリ（オレンジフラワー）」などの精油（204ページ～を参照）を組み合わせると、さらに効果が高まります。

それから食卓でも、マカデミアナッツ油とパンプキンシード油、くるみ油、しそ油、えごま油、亜麻仁《あまにゆ》油などをサラダドレッシングや和え物の調味油として取り入れましょう。オイルの使い方をちょっと意識して工夫するだけで、体調がよくなり、肌のきめも整い、つやが出てきます。なめらかに整った肌の表面が光を反射して、顔色を地の色よりも白く明るく見せてくれます。

相性のいいオイルを見つけて、ぜひ試してみてください。

日本では古くから「色の白いは七難《しちなん》隠す」と言われて、おしろいを使って顔を白ぬりにするという伝統もありますから、現代語で言う「美白」というのも、昔から日本に伝わる美意識で、国内では一般的にあまり違和感がないようです。

けれども、日本の外に出て「白くなりたい」とか「美白ケアをしている」などと不用意に口にすると、「日本人なのに、なぜ白人のようになりたいのか？　日本人ならではの生まれながらの美しい肌の色を誇りにするべきだ」とあらゆる肌色の方々からお叱りを受け、見識を疑われてしまいかねませんから、ちょっぴり注意が必要かもしれません。

さて、以上、主なスキンケアの目的別に、表を見ながらオイルを選んでいく基本的なやり方をご説明しました。

こんなふうに長々と説明すると、考えなくてはいけないことがたくさんあるみたいですが、実際にすることはごくごくシンプルです。

自分のスキンケアの目的は何なのか、自分の肌のコンディションなら、いったいどんな皮脂成分や必須脂肪酸を必要としているのかについて、表をながめ、普段の自分の感じ方から、だいたいの見当をつけ、実際にオイルをひとつ試してみて、「何か違う」のか、「ごきげん」なのか、少し様子を見ればいいのです。

たいていの場合、思っているよりすぐに、お気に入りのオイルが見つかるはずです。

なお、スキンケアと健康のために、食事にこうしたオイルを取り入れる際のポイントについては、Q&A（336ページ）に詳しく説明しましたので、そちらをごらんください。

Chapter 4

美しい肌に必要なものII

――「花」

精油の化粧水で、せわしない毎日に「ほんとうの花」を取り入れる

今では私は自宅で仕事をしていますが、毎日会社に出勤して、なかなか時間が自由にならなかったときは、ゆっくりと一輪の花をながめることもままならないような気持ちの日が続きました。そんなとき、仕事先との待ち合わせの場所に向かう途中に花屋さんがあると、花を購《あがな》う余裕はなくても、ほんの一瞬でも立ち止まらずにはいられませんでした。

店先に所狭しと並べられた花に、ほんの1、2分見入るだけで、忙しすぎてかさかさになりかけた気持ちに、花の精気がしみわたってきます。あの頃、街中のそんなお花屋さんに、どれほど助けられたことでしょう。

それでも、店先の花たちを遠巻きにながめるのと、たった一輪の花でも自分の家でゆっくりと向き合って香りを愛《め》でるのとでは、まったく気持ちが違ってきますから、「どんなに慌ただしく余裕のないときでも、毎日花のある生活ができたら、ほんとうにうれしいのに……」とい

うのが、当時の私のつきない思いでした。

ですから、それからしばらくして、ボディケア用品をすべて自分の手で整えようと考えるようになったとき、私は迷わず、天然の花から採取された精油（エッセンシャルオイル）を毎日使う化粧水の材料として選びました。どんなときでも必ず費やす朝と夜のそれぞれ数分を、生きた花の精気と香りの中で、花と向き合う時間にしたかったのです。

そういえば、健康を手に入れるために、からだが本来持っている「自然治癒力」を高めることをすすめ、その著書の数々が世界的ベストセラーとなったアメリカの医学者、アンドルー・ワイル博士が、８週間でからだと心のコンディションを整えるためのプログラムを開発し、それを本にしています。その中でワイル博士は、一日のうちのどこかで、生きた花をながめる時間を必ず持つということを推奨しています。

花をながめると元気が出るというのは、私も普段の生活の中で納得していましたけれど、その本を読むまで、「体質改善のためにプログラムとして花を生活に組み入れる」というふうに改まって考えてみたことはありませんでした。

ですから、ひげもじゃの博士が大きなタンポポに鼻先をうずめる様子などを想像してなんだか楽しくなりながら、「からだの治癒力、免疫力を高めるために、生きた花を見ようというのは、なんとお医者さんらしい合理的な発想かしら」とつくづく面白く思ったものです。

花は、心とからだが追いつめられたときの最終的な「よりどころ」

花は、ただ黙って咲いているだけで、人の心をなぐさめ、励まします。

「花より団子」と言われて「確かにそれは言えるわね」とうなずくことができるのは、まだまだ元気な証拠。心身共にほとほと疲れていると、お団子をぱくつく勢いも失せてしまっていますから、寄り添いたくなるのは花のほうです。

花をじっと見つめて、静かに見返され、ほのかな香りを吸い込んでから、ため息をゆっくりとついた瞬間に、積もり積もった疲れや、はりつめていた気持ちが、ゆるやかにほどけていくのがわかります。心とからだの緊張が少しとけてやっと、「じゃあ、お団子でもいただきましょうか」と気を取り直すこともあるわけです。そこで初めて食べものをちゃんと消化し、エネルギーに換え、明日を考える力もわいてくるように思うのです。

「水」「オイル」「花」という、この本でご紹介する3つの要素は、どれも健康な肌のためには

flower shop
OPEN

欠かすことのできない大事なものですが、中でも「花」はそんなふうに、心とからだが追いつめられたときの最終的な「よりどころ」となるものだと私は実感しています。

ですから日々の生活から「花」という要素がなくなってしまうと考えることは、私にはとてもできません。

この章では、第1章から第3章までの「肌の仕組み」に基づいたお話から少し離れて、「からだ全体の調子を整えていくこと」が、いかに美しい肌を作っていくのに大切か、そして、そんな目的のために、「花」の持つ力が、実際のところ、どれほど大きな助けになってくれるのかということをお話ししたいと思います。

それは、私たちが普段「きれいな花を見ると元気が出る気がする」と感じている以上に、もっと直接的に私たちのからだに働きかけることができるらしいのです。

近年になって、世界中で注目を集めているアロマテラピーでは、植物の香りのエッセンスが、病気やけが、美容上のさまざまな症状に治癒効果をもたらすとされています。その起源は何世紀も前からのものですが、そんな香りの成分がどんな原理でからだに働きかけ、効きめをあらわすのか、といったことについての研究は、最近になってめざましく進みました。

そしてその結果、アロマテラピーは決して科学的根拠のないものではないということが、明らかになってきました。実際、産婦人科、皮膚科、心療内科、整形外科などの治療の現場で、アロマテラピーの手法を取り入れる医療専門家の数も、ここ数十年、どんどん増えています。けれども、私がここでお話ししようとしているのは、専門的なお医者さんの助けを必要とする病気やけがの治療としての「メディカルアロマテラピー」のことではありません。あくまでも普段の暮らしの中で、私たちがぴかぴかの肌をめざしながら、からだや気分の調子を整えるのに役立つだろう生きた植物のパワーのことです。

落ち込んで奈落の底へ入っていったり、ストレスが積み重なって爆発寸前になったり、肌はかさかさ、吹き出ものにしわ、顔色は最悪、ついに体調をくずしてお医者さんの助けを仰がなければならなくなるというのは、今日び、よくあるシナリオですが、できれば、それ以前の段階で事態の悪化を防ぎたいとは誰もが思うことでしょう。

そのために、生きた花の持つ力を借りようというときの、ちょっとした工夫のお話なのです。

「花」の芳香成分が、からだに働きかける仕組みとは

精神的なストレスが起こすからだの不調にはさまざまなものがありますが、この本のテーマはスキンケアですから、肌のコンディションに的を絞ってお話ししましょう。

重いストレスがかかったり、気持ちが沈んだり、疲労がたまりすぎたりすると、血行は悪くなり、からだの新陳代謝も低下します。

血液は、常に新しい酸素と栄養分を運んで、健康な細胞が生まれるのを助けていますが、血行が悪くなればその活動も鈍ってしまいますから、新しい皮膚の細胞が生み出されるスピードが遅くなります。

できてしまったしみは早く消えてほしいのに、つるつるぴかぴかのきれいな細胞の赤ちゃんが、なかなか出てきてくれないわけです。新陳代謝が悪くなれば、皮脂腺や汗腺の働きも好調とはいきませんから、肌の調子もなかなか整いません。かさかさしたり、肌荒れを起こしたり、

そして　その回復もスピーディーにはいかなくなってしまいます。

というわけで、肌の健康のためには、いろいろな方向から心やからだへかかる負荷をコントロールして、ストレスや疲労がひたすらたまる一方にならないように、上手に逃がしてあげる工夫が必要なのです。

もちろんストレスや疲労には、根本的な原因があるわけで、それを取り除かないかぎり、完全に負荷をなくすことは不可能です。

でも、肩がこったらマッサージや入浴や運動で筋肉をほぐしてあげるように、神経が「こったら」、機会をのがさず、そのしこりを上手にほぐしてあげれば、からだが「もうだめ！」と音を上げる限界を超えてしまう危険は避けられます。

そんなふうに、こまめに神経を休めようと思ったら、毎日の洗顔や、洗顔後のボディケア用品に、「花」の持つアロマテラピーのパワーを借りるのは、とても効果的な方法なのです。

というのも、どっちみち毎日何度かは必ず洗顔して、水分補給のために化粧水などを使うわけですね。ですからその機会を、神経を休める時間にもあててしまうわけです。

また、「汚れを洗い流す」ことは、気持ちをすがすがしくリセットさせる抜群の効果を持っています。

その「洗う」という行為に続くスキンケアで、顔中にしみこませる化粧水やぬりのばす化粧オイル、クリームなどから立ちのぼる芳香が、疲れた神経をほっと休ませてくれる効用を持つものであったなら、まさにそれは一石二鳥のボディケアと言えるのです。

というわけで、次に「花」の持つ芳香成分がからだに働きかける仕組みを簡単に理解しておきましょう。

毎日使うスキンケア用品に「花」の芳香成分を取り入れた場合、それがからだに働きかけていくルートは大きくわけて3つあると言われています。

1つは、においをかぐことで、いい香りの分子が嗅覚を刺激して、大脳の辺縁《へんえん》というところから視床下部に作用し、リラックス効果を引き出して、自律神経や免疫力の調子を整えるという経路です。

脳下垂体を通り、ホルモンの調整にまで効果が及ぶ経路でもあります。

2番目は、香りの成分を肺の中に吸いこむことで肺胞を通り、血液に吸収され、血流によってからだ全体の組織や毛細血管、細胞へといたるルート。

そして、3番目は、肌にぬることによって、毛穴や皮脂腺、皮下の脂肪組織内の毛細血管より血流にのって、細胞へと広がってゆくルートです。

花の精油には、種類によって、それぞれが持ついくつもの芳香成分が、特徴的に組み合わされています。

そして、そうした芳香成分にどのような効用があるかが、これまでの長い経験や分析の積み重ねによって、かなり詳しくわかってきているのです。

昔から愛されてきた4種類の花たち

科学技術が発達して、薬品、香料、化粧品、食品といった産業分野で、化学合成された材料が次々と発明され、主流となっていくにつれて、医療、美容、食品の世界で天然の植物の精油が占めていたウェイトはどんどん小さくなりました。

最近のアロマテラピーの静かな広がりは、そんな風潮への、ささやかな抵抗であるとも言えます。

高価な市販の化粧品にも、今ではさまざまな合成香料が使われています。けれども生きた花が持っている治癒力を私たちに伝えてくれるのは、ほんとうの花から採取した天然の香りだけなのです。

アロマテラピーで使う精油の種類は何十種類もありますが、この本では、長年の間に私が自分や家族のスキンケアのために重点的に使うようになった4つの「花」の精油について、絞り込んでご紹介したいと思います。

昔から長く伝わる事柄には、やはりそれなりの重みがあるのかも、とつくづく思うのですが、長年いろいろと試したあげく、結果的に自分で愛用することになった花は、

1 ラベンダー
2 ローズ
3 オレンジフラワー（※精油名は「ネロリ」）
4 ジャーマン・カモミール

の4種類。

精油を採るときの副産物として生まれる芳香蒸留水（詳しくは286ページ）は、昔からローションとして使われますが、その中でも、この4種類からできたものは、特に「フラワーウォーター」（花のローション）と呼ばれて、伝統的に愛用されてきました。スキンケアの材料としてとても歴史の長い、美しい花たちです。

なお、精油の買い方、選び方については、Q&A（339ページ）に詳しく説明しましたので、そちらをごらんください。

4つの「花」

1 ラベンダー

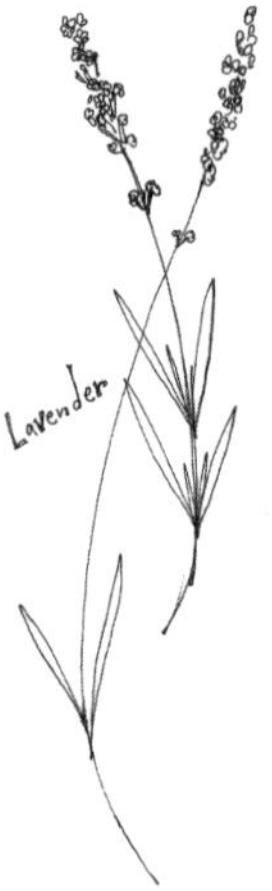

大好きで手放せない思いの精油はほかにもいくつかありますが、もしも「どれかひとつだけしか持つことを許されない」という非常事態になったとしたら、やはり私はラベンダーを選ぶでしょう。

その名前は、ラテン語で「洗う」「入浴する」「濡《ぬ》らす」「洗い流す」という意味の「lavare（ラヴァーレ）」という言葉から由来したと言われますが、その名にふさわしく、胸のすくようなさわやかで清々《すがすが》しい芳香を漂わせます。

また、これほど使いみちの広い精油はほかにはありません。美容としてのスキンケアやヘアケアのために多用することはもちろんですが、ちょっとした傷ややけど、虫さされ、ひょいっと顔を出した吹きでもののケア、風邪予防のための吸入、湿疹やあせものための入浴剤など、家庭薬としてはほとんど万能と言いたくなるほどの用途があります。

抗菌、防虫作用もすばらしく、掃除や洗濯などの家事の際にも欠かせません。

この本でご紹介する4種の花の精油の中で、特に精油を使うのが初めてという方には、このラベンダーを、まずはおすすめしたいと思います。

その理由は、第一に、薄めずに原液が直接肌についても問題ない精油であること。

精油は、植物のエッセンスを高濃度に凝縮させたものですので、一般的に大変強い作用を持っています。ですから、水やオイル、クリームなどの基剤に適度の濃度で溶かし込んで、薄めて使うことが基本です。

直接肌に原液がつくと、作用が強すぎて、皮膚刺激を起こすとされるものが多いのです。そんな中でラベンダーは、肌に直接原液がついても問題のない数少ない精油のひとつなのです。

また、妊婦さんや乳幼児にとっても禁忌《きんき》がありません。安心感を持って、初めてスキンケアに精油を取り入れたいというときには、何よりの精油です。

もうひとつの理由は、とても経済的であること。

あとでご説明するローズやオレンジフラワー（ネロリ）、カモミールは、それぞれのすばらしい特徴と効能、使いみちを持った精油ですが、ラベンダーとくらべるとお値段にずいぶんと差があります。

初めてであればなおのこと、お財布にもとてもやさしく、生活のいろいろな場面で使いまわしのきくラベンダーをまずは使いこなして、精油を生活に取り入れる気持ちよさ、楽しさを存分に味わっていただきたいと思います。

ここで、スキンケアのためにおすすめしているラベンダーは、「真正《しんせい》ラベンダー」と呼ばれるものです。アロマテラピーのお店に行くと、ほかに「スパイクラベンダー」や「ラバンジン」と呼ばれる種類のラベンダーがあります。

芳香成分の構成や種類が違っていて、それぞれの特徴を生かして使い分けることができます。たとえばスパイクラベンダーは、風邪の予防や風邪の初期の去痰《きょたん》剤としての吸入に特によく、ラバンジンは鎮静《ちんせい》作用が低いので、昼間、眠気を誘いたくないときにラベンダーのほかの効用を使いたければ最適、といったふうですが、この本のテーマである「スキンケア」が目的であれば、迷わず「真正ラベンダー」を選んでください。

フランス産、イギリス産、ブルガリア産などが手に入りますが、どれでもかまいません。

アロマテラピーのお店に行けば、店頭でサンプルの香りを確かめることができますので、お好みのものを選ぶといいでしょう。

学名 Lavandula officinalis, Lavandula angustifolia

効用 ● 鎮静《ちんせい》、鎮痛《ちんつう》、鎮痙攣《ちんけいれん》、
消炎、抗菌、抗ウイルス、
うっ血除去、血圧降下、細胞修復、
肉芽形成促進、防虫、抗鬱《こううつ》、
生体リズム調整、免疫機構強化

適応 ● 心身の緊張やストレス
およびそれによる不眠、
偏頭痛、高血圧、筋肉痛、
関節痛、便秘、月経痛。
水虫そのほか真菌による
各種感染症や皮膚のトラブル。
軽度のやけど、擦り傷、切り傷。
虫さされ、かゆみ、打ち身。精神疲労。
スキンケア（にきび、吹き出もの、
ひびわれ、各種湿疹や荒れ肌）、
ヘアケア（頭皮の皮脂腺の調整、脱毛）

主要成分 ● 酢酸リナリル、リナロール他

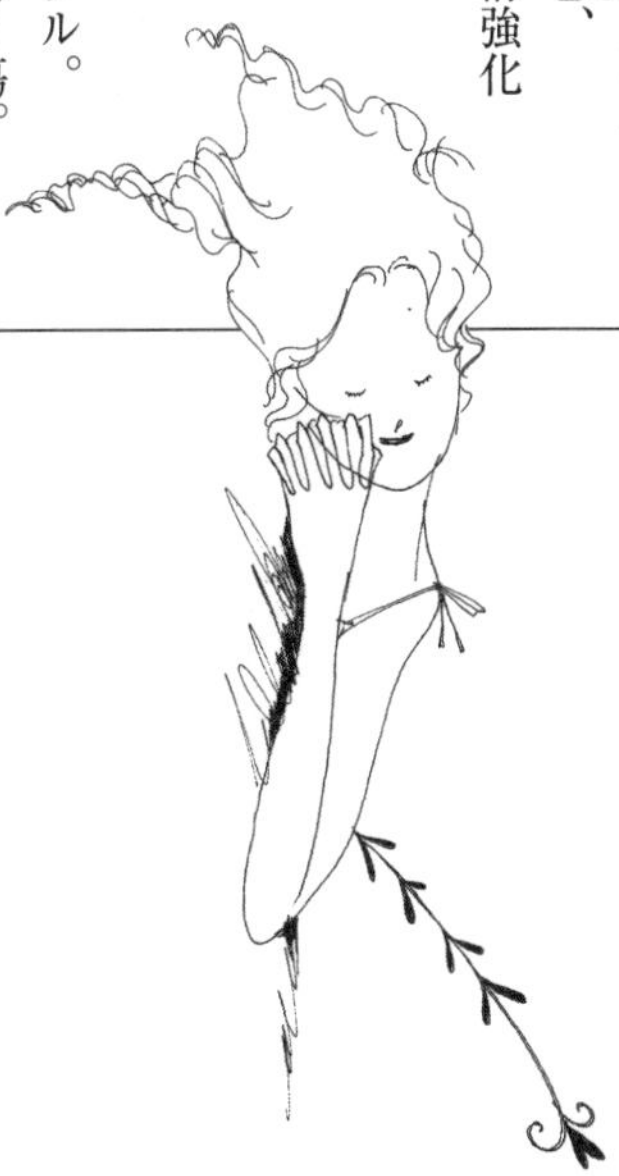

2 ローズ

古くからヨーロッパでは、「バラは肌と魂によい」と言われています。全身を柔らかく包みこんでくれるような高貴な芳香には、この世のいやなことをすべて忘れさせ、心を天上に連れていってくれそうな、すばらしい静かな高揚力があります。

心にのしかかる負荷が、からだに症状として現れ、肌のコンディションとして目に見える結果となる場合があります。そんなタイプの肌トラブルを自分は抱えているかもしれない、というときには、ローズの精油が大きな助けになります。

またローズは、ホルモン分泌を調整してくれますから、婦人科の疾患を持っている人や、更年期をやり過ごそうとしている人のスキンケアには、とてもおすすめとされる精油です。

「肌は内臓の鏡」と言われることもありますが、「心の不調」と「からだの不調」、それを鏡として映し出す「肌の不調」という負のサイクルにトータルに働きかけて、よい方向へと転換させてくれるのに大きな効果を発揮します。

もちろん、そんな不調を特に感じていない場合でも、ローズのこの上なくすばらしい香りは、スキンケアの時間を心豊かなものにしてくれます。

日常のふとした時間の心の贅沢《ぜいたく》、といった気持ちを味わうことができますし、どんな肌タイプであっても、適正な皮脂の分泌を促して、肌の調子を整えてくれる重宝な精油でもあります。

市販の化粧品やバスグッズ、ルームフレグランス、芳香剤、洗剤、洗顔料などにもバラの香りのするものはたくさんありますが、その多くは化学合成香料であって、ほんとうの天然のローズの精油が使われているものは多くはありません。

心とからだ、スキンケアにトータルに働くアロマテラピーの効果は、残念ながら、ほんとうに純正な天然のローズの精油にしかありません。ローズのパワーをスキンケアに取り入れるなら、化学合成品ではなく、純粋な精油を選んで使うようにしてください。

ローズは、精油の中でも最も高価なもののひとつですが、ほんの数滴で、何週間も使える分量の化粧水やクリームなどに姿を変えますから、長い目で見れば、化粧品の値段としては、実際にはとても経済的と言えます。

その芳香と効果のすばらしさを考えれば、上手にボディケアに取り入れたい精油です。月経を促す作用がありますので、妊娠初期だけは使用を控えてください。

学名 Rosa damascena, Rosa centifolia

効用● 皮膚組織強壮、収斂《しゅうれん》、抗菌、消炎、精神強壮（高揚）、ホルモン分泌調整、催淫《さいいん》、抗鬱《こううつ》

適応● 神経過敏、情緒不安定、ストレス、メランコリーなどからくるトラブル肌の調整。特に敏感肌、老化肌の皮脂分泌の調整。生殖器系の不調調整。月経前緊張症、月経不順。更年期障害、不定愁訴《ふていしゅうそ》。ストレスからくる消化不良、消化器系潰瘍《かいよう》の痛み緩和

主要成分● シトロネール、ゲラニオール、ネロール他

3
オレンジフラワー(ネロリ)

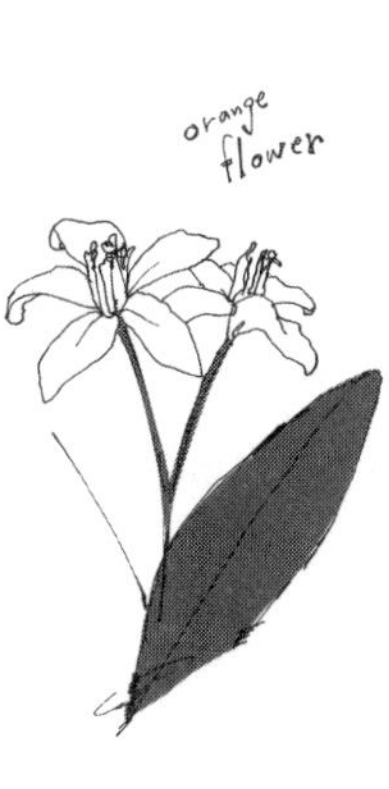

「セビリアオレンジ」とも言われる「ビターオレンジ」の花から採れるのが、オレンジフラワー、通称「ネロリ」という精油です。

ネロリという通称は、このオレンジフラワーの香水で香りをつけた手袋がお気に入りだったイタリアのネロラ公国の公妃に由来します。化粧水となった時には「オレンジフラワーウォーター」と呼ばれ、精油名としては、「ネロリ」という名が使われることが多いようです。甘く柔らかな白い花の香りは、ローズと並んで、昔から香水の最も重要な材料のひとつです。

ネロリの香りが大きな役割を果たしている有名な香水がたくさんありますので、100%純粋なネロリの香りを初めてかいでも、「あ、どこかでかいだことがある」と思われる方が多いようです。

フレッシュの花1トンから、わずかに1キログラムほどしか採れませんので、これも精油の中では高価なほうですが、すばらしいスキンケアの効能があります。

昔から「若返りのネロリ」と言われているのですが、それはまず、新しい細胞の成長を促すために、しみが消えるのが速く感じられることが大きいようです。

また、肌に弾力を取り戻し、しわをのばすのに効果があるとされ、老化肌用のクリームのほか、妊娠線のケアや予防用のマッサージオイルにもよく使われています。

「若返りのネロリ」の一番の効果は、初々しくみずみずしく、そして気持ちをのびやかに落ち着かせてくれる、におい立つような白い花の香りにこそあるのではないかと私は思っています。

ネロリの香りの特徴は、抗不安剤として大きな効果があることです。

花嫁の髪飾りに伝統的に使われてきたというのも、もしかするとやさしい希望に満ちた香りで、新しい生活が始まる前の、花嫁の不安な気持ちを鎮めるためだったのかもしれません。

心配性、すぐあがってしまう、ゆったりと構えられない、将来に漠然とした不安感があってよく眠れないなどといった方は、ぜひスキンケア用品の香りとして取り入れて、試されるといいでしょう。

不安な気持ちが消えれば、眉根を寄せることもなく、しわも消える、とそんなからくりもありそうです。

学名 Citrus aurantium

効用●細胞修復、皮膚弾力回復、抗菌、消炎、精神強壮（高揚）、催淫《さいいん》、抗鬱《こううつ》、鎮痙攣《ちんけいれん》

適応●神経過敏、緊張、不安の緩和。不安による不眠。特に乾燥肌、敏感肌、老化肌の皮脂分泌の調整。月経前緊張症。更年期障害、不定愁訴《ふていしゅうそ》

主要成分●リナロール、酢酸リナリル、ネロリドール、リモネン、ゲラニオール他

4 ジャーマン・カモミール

アロマテラピーやハーブ医学で使われるカモミールには、今回ご紹介する「ジャーマン・カモミール」のほかに、「ローマン・カモミール」（学名：Anthemis noblis）があります（日本では、カモミールはまとめて、オランダ語由来と思われる「カミルレ」または「カミツレ」という和名で呼ばれてきました）。

精油にもこの2種類があり、気持ちを鎮めてくれるといった神経に働きかける部分や、胃の不調を落ち着かせるといった効能には、重なるところも多くあります。両方とも肌や髪の調子を整えるといった美容分野のスキンケアには同じように使われます。

ただ、トラブル肌のスキンケアに特に効果的な、強い抗炎症作用を持つカマズレンを有効成分として含んでいるということで、スキンケアがテーマのこの本では、ジャーマン・カモミールをおすすめしたいと思います。

ジャーマン・カモミールの精油の濃いきれいなブルーは、有効成分カマズレンの色です。

カモミールという名称は、ギリシャ語で「大地のりんご」という意味なのだそうですが、香りをかぐとなるほど、と思わされます。

やや草っぽいにおいの中に、新鮮な青りんごのような香りがはっきりとわかります。

精油をそのままかぐと、薬草のような香りのほうが勝っていますが、オイルやクリームに希《き》釈《しゃく》する（うすめる）と、おいしそうなりんごの甘い香りが引き立ってきます。

この精油は、トラブル肌の強力な味方です。

非常に敏感でかぶれやすいという人の場合、市販の合成香料や保存料入りの化粧品はおろか、天然の精油であっても受け付けないというほどのケースも見られますが、そんな場合でも、カモミールだけは大丈夫で、肌のコンディションを好転させるのに効果があったという人が大変多いのです。

ただし、これはもちろん、すべての場合にあてはまるわけではありませんから、各人が、まずは注意深く試してみることが大切です。

わが家で、もともと湿疹持ちで肌が強くない夫が、忙しくて疲れぎみ、肌のコンディションに影響が出てきたときには、ローションからアフターシェーブクリーム、かゆみ止めクリームまで、カモミールを使うことになります。

夫の場合、ラベンダーの香りがとても好きですので、混ぜて使うと、より効きめが増す場合もあります。ラベンダーもいろいろな皮膚のトラブルに効果のある精油ですので、ブレンドした場合の相性はとてもよいようです。

普段は肌にトラブルを抱えない方でも、なにかの折にいきなり不調が襲ってくる場合もあるかもしれません。たとえば、化膿《かのう》を伴うにきびや吹き出もの、痛がゆい荒れ肌などには、カモミールを使ったスキンケア用品を試してみる価値があるでしょう。

学名 Matricaria chamomilla

効用● 消炎、鎮痛《ちんつう》、鎮痒《ちんよう》、鎮静《ちんせい》、抗アレルギー、傷の治癒促進、皮膚組織の再生促進、鎮痙攣《ちんけいれん》

適応● 敏感肌、かゆみや感染症、化膿《かのう》を伴うトラブル肌、湿疹、アレルギーによる皮膚障害などのスキンケア。神経過敏、ストレス過多および、それによる不眠。ストレスによる消化器障害

主要成分● カマズレン、ビサボロールオキサイド他

Chapter 5

基本のレシピ

「化粧水」「美容オイル」「美容クリーム」の目的と使い方

この章では、「シンプルスキンケア」で使う「化粧水」「美容オイル」「美容クリーム」の中で、とてもベーシックなものを、まずご紹介していきます。

「化粧水」は、第1の目的が、花の精油の芳香成分の効能を使って、肌とからだ全体の調子を整えること。そして第2の目的が、肌への水分補給です。

「美容オイル」の目的は、健康な肌に不可欠な皮脂の成分を補給し、肌を保護すること。

「美容クリーム」の目的は第1に、季節や肌のタイプによって「美容オイル」だけでは肌の保湿や保護が十分にできない場合に、それを補うこと。

そして次に、上にぬる市販のメイクアップ用化粧品や日焼け止めクリームなどの下地として使うことで、肌を刺激物から守ることです。

それでは、レシピをご紹介する前に、気持ちよく洗顔をしたり、化粧水や美容オイル、美容クリームを使うときの具体的なコツともいえる、次の６つの「スキンケアのポイント」について、ご説明したいと思います。

１手のひらで、肌の感触を確かめながら手入れをする
２洗顔時のすすぎは、肌が柔らかくなるまでていねいに
３水分の拭き取りは、肌をこすらずに
４化粧水は、肌に押しあてるようにしてしみこませる
５美容オイル、クリームは化粧水と混ぜながら使う
６肌の感触を確かめながら使う量を調整する

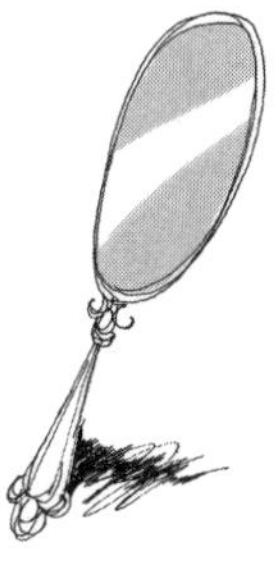

スキンケアのポイント1

手のひらで、肌の感触を確かめながら手入れをする

まずは、肌の手入れに絶対に欠かせないこと。

それは、肌の「味見」です。

お料理のときに、塩や調味料を加える前に必ず味見をして、適当な量を確かめるのと同じように、化粧水や美容オイルなどの基礎化粧品を使う前にも、肌にしっかりと手のひらを当てて、その感触で肌のコンディションをまず「味見」します。

そうすれば、肌に加えるべき水分やオイルの適量を、きちんと意識して見定めることができます。

お風呂のときにかぎらず、朝夕の洗顔のとき、肌の表面が硬いか柔らかいか、かさかさか、しっとりしているかを、手のひらの感触で、まずはしっかり確かめるのです。

「ああ、今朝は肌がかさかさで元気がないかも。調子悪いなあ」と思っても、手のひらでそれをきちんと確かめることができれば、嘆く必要は全然ありません。

事態をよくするために次に何をすればいいかを、手のひらのその感触こそが教えてくれているからです。

スープの味見をして「ちょっと塩が足りない」と思ったら、考えながら塩を足して、おいしいと思える頃合いを探すのといっしょです。

洗顔前、洗顔後、化粧水を使ったあと、といった動作の合間に、必ず肌の感触を確かめながら、次へ行くようにします。

化粧品の使用説明書や美容本が、どんなに細かな手順を書いてくれていたとしても、それはあくまで、「万人向け」の一般論。自分の肌の調子の良し悪しを、そのときの「気分」とともにしっかりと感じ取れるのは、世界中でただ独り、自分だけしかいないのですから……。

スキンケアのポイント2

洗顔時のすすぎは、肌が柔らかくなるまでていねいに

石けんをはじめとした洗顔料についてては、第2章でお話ししましたので、ここでは「すすぎ」のコツについてお話ししておきましょう。

洗顔前に手のひらを顔に当てて、「今日の肌は何だか硬い感じだな」と思ったら、肌が乾燥している証拠です。そんなときは、汚れ落ちもよくありません。

ほんとうは、そんなときの洗顔は、お風呂場の湯気の中でするのが一番なのですが、そんな時間がいつもあるわけではありません。

ですから、「ちょっと肌が硬い感じ」と思ったら、汚れを落とす前に、まずぬるま湯を顔に当てるようにして、皮膚の表面に少し水分を含ませるようにします。

そして洗顔料を使ったあと、「すすぎ」に入ったら、少し意識して、いつもよりていねいに

ぬるま湯を肌に当てるようにしながら、何度も洗い流します。

そのうち、ぬるま湯の水分が肌の表面の角質に浸透してきて、しっとりと柔らかい感触になってきます。つまり、お風呂で湯気に当たって肌が柔らかくなるのと同じ状態になるわけです。

その時点で、汚れもきれいに洗い流されているはずです。

肌がそんなふうに柔らかな感触になるまで、十分すすいでください。

スキンケアのポイント3
水分の拭き取りは、肌をこすらずに

それから肌をこすらないようにして、タオルで水分を取ります。こすると肌の表面の角質を傷つけて、ざらざらにしてしまうことになります。

このとき、洗顔用として特におすすめなのが、柔らかな麻のガーゼのタオルです。麻は肌に当てただけで、すぐに水分を吸い取ってくれます。こする必要がまったくありませんので、肌に摩擦を与えることなく、手早く余分な水分を取ることができるのです。

綿のタオルでも、吸水性のいいものを選びましょう。そうすれば、肌の表面をこすらずにすみます。通常の新品のタオルは、上質な自然素材のタオルの場合でも、撥水《はっすい》加工がしてあるかのように水分をはじき、吸い取ってくれないことがあります。ですから、どんな場合も、新しいタオルをおろすときは、2、3度、洗濯をして生地を十分になじませてから使い始めるのがおすすめです。

スキンケアのポイント4

化粧水は、肌に押しあてるようにしてしみこませる

さて、洗顔が終わってタオルで水気を取ったら、その瞬間から、肌の表面から水分の蒸発は始まっています。

まさにそのとき、肌はゆであがって水気を切ったばかりのぴちぴちパスタの状態なのです。ですから、素早く水分を閉じ込めなくてはなりません。

まずは、顔に手のひらを当てて、肌が吸い付いてくるような感じを確かめてください。もしそれがなければ、やや水分不足の証拠ですので、化粧水の出番です。

パスタと違い肌の場合は、ここでもう一度あらためて水分を補給することができるのですから、その点、失敗を避けるチャンスがあるわけです。

お気に入りの化粧水をたっぷりと手のひらのくぼみに取り、両の手のひら全体で肌に柔らか

く押しあてるようにつけていくと、肌にじんわりと浸透していく感触がわかります。

その感じをしっかりと確かめることができるまで、必要なときには何度でも繰り返すようにしましょう。

「シンプルスキンケア」でご紹介する化粧水でしたら、惜しげなく、心ゆくまでたっぷりと贅沢に肌を潤すことができます。

スキンケアのポイント5

美容オイル、クリームは化粧水と混ぜながら使う

さて、たっぷり化粧水を使ったら、そこでまた、肌の感触を確かめましょう。

「このままでは、水分が蒸発していってしまいそう」と感じられたら、そこで美容オイルの出番です。もっとしっかりとしたカバー力、保湿力が必要なら、美容クリームを使います。

美容オイルや美容クリームを使うときには、まず手のひらにあらためて化粧水を少し取ります。そしてそこにあとでご紹介する美容オイルを1、2滴落とします（クリームの場合は、耳かきの先ほどの微量を取ります）。

それから手のひらでさっと混ぜ合わせ、今度はそれを顔全体にぬりのばしていきます。

美容オイルやクリームが、手のひらで化粧水と均一に混ざらなくても、まったくかまいません。

「オイルを肌につけると、べたべたしてなじまないのよね」と感じていらっしゃる方が多いよ

うなのですが、それには次のような理由があります。

まず第1は、オイルをつける前に、肌の表面の角質層に水分がしっかりとしみこんでいないとき。

繰り返すようですが、パスタと同じで、肌も水分が足りてさえいれば、表面にほんの少しのオイルを補うだけで、それはきれいになじみ、つやつやとなり、決してべたべたにはならないのです。

ですから、美容オイルをつけるとき、こうして念のために、手のひらで化粧水と合わせながらつけるようにすれば、肌の表面にしみこんだ水分を飽和状態に保つことができるというわけなのです。

「オイルが肌になじまない」と感じる場合に多い第2の理由。

それは、つけるオイルの量が多すぎるためです。

「健康な肌が自然に分泌する皮脂の量」は、からだ全体で1日に平均1～2グラムと言われています。ということは、顔だけのことを考えたら、補うオイルの分量は、ほんとうに少しでいいことがわかります。ですから、1、2滴から始めるのです。

美容オイルやクリームについて言えば、化粧水とは違い、「保湿のためにたっぷりと使う」というよりは、「必要十分にして最小限にとどめる」という意識を持って使うほうが、失敗がありません。

オイルをそのまま直接肌につけると、1、2滴では顔全体にのばすことができません。ですから、つい必要以上のオイルを使ってしまうことになり、いらない分がべたついて感じられるのです。

また、多すぎる余分のオイルは、有効に使われることなく、その分、無意味に空気にさらされることで酸化を招きます。けれども同じオイルでも化粧水と混ぜて使えば、たったの1、2滴を簡単にきれいに薄くぬりのばすことができます。

「オイルが肌になじまない」と感じる理由の第3番目。

使い方も使う量もOKのはずなのに、それでもどうも肌になじまないとすれば、それは自分の肌と合わない性質のオイルを使っているためです。

この場合は、自分に必要な皮脂の成分と共通項の多いオイルを選べば（153ページの表参照）すぐに解決します。

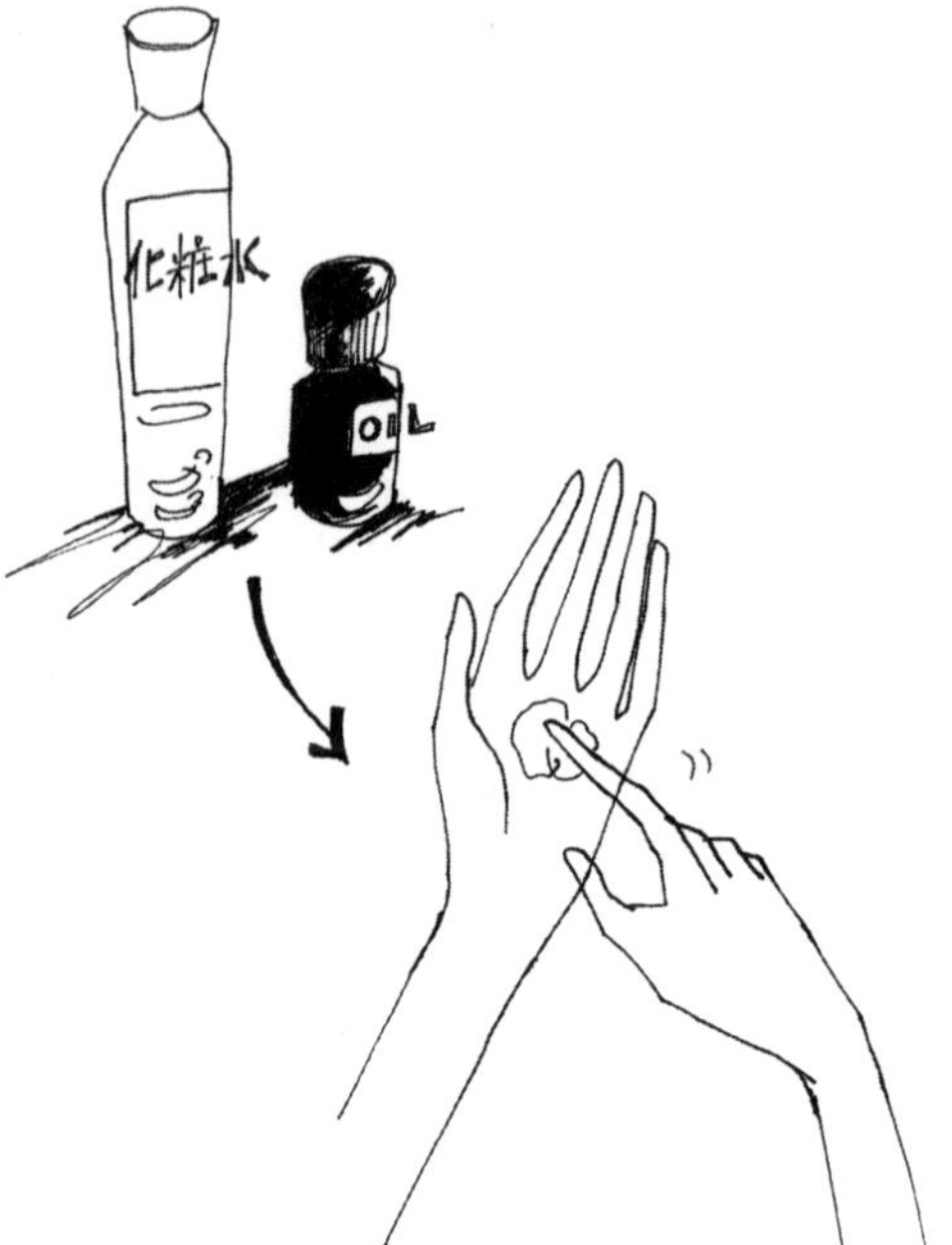
化粧水
OIL

スキンケアのポイント6

肌の感触を確かめながら使う量を調整する

美容オイルやクリームを全体にぬりのばしたら、もう一度そこで、肌の感じに気をとめてください。そして、余分の化粧水が蒸発していくのを少し待ちましょう。

そのあと、肌はしっとりとして落ち着いていますか？　それとも、もう少しオイルでカバーしないと、水分が蒸発しそうな感じがありますか？　とにかく肌にきいてみてください。

そのままで肌がしっとりと落ち着けば、その日はそれ以上のケアは必要ないということです。

でももし、「あ、このままでは、肌が乾いていきそう！」という感覚があったなら、そのときは、肌の表面をおおうオイルを少し足してあげなければならないということです。

「1、2滴の美容オイル（または微量のクリーム）と適量の化粧水を手のひらで混ぜ合わせてからぬりのばす」ことを繰り返してください。たいていは、それを1、2度繰り返せば、気持ちよくおさまってくれる感じがあると思います。

化粧水（フラワーウォーター）

●クラシックな花の化粧水、４種の「フラワーウォーター」

さて、それでは、肌にたっぷりと水分を補給してくれながら、うっとりとするような香りの成分で、からだと心の調子を整えてくれる、すてきな化粧水を準備しましょう。

素材を自分でそろえれば、肌の調子や気分に合わせて、効能や香りを選ぶことができますし、「いったい何が入っているのかしら？」と悩む心配もありません。入っているのは、肌を潤してくれる水と、スキンケア効果を発揮しながら、神経まで休ませ、気持ちをのびのびとさせてくれる花のエッセンスだけ。

つまり、保存料など、市販の製品には入れざるを得ない余分なものも一切入っていません。でも、天然の精油の持つ抗菌力のおかげで、1ヵ月ほどは常温で置いても基本的に大丈夫です。

使い終わったら、また新しく調合すればいいのですが、材料を混ぜて振るだけですので、かかる時間は2～3分。出来合いの化粧品を買いにお店に走るより、ずっと簡単です。

ここでご紹介するのは、とてもクラシックな花の化粧水、「フラワーウォーター」です。

「フラワーウォーター」は、もともとは精油を作るときの副産物です。

天然の花びらの香りが移ったこの水は、そのとき精油を採った花の種類によって、「ラベンダーウォーター」「ローズウォーター」「オレンジフラワーウォーター」「カモミールウォーター」と呼ばれ、化粧水として出荷されるほか、料理、カクテル、お菓子の材料、リネンウォーターなどとしてさまざまな用途に使われています。

この花のエッセンス入りのすてきな化粧水を、家でさっと簡単に準備してしまいましょう。

基本の化粧水(フラワーウォーター)の材料

植物性
グリセリン

水
(精製水)

花の精油
(エッセンシャルオイル)

● **花の精油**(エッセンシャルオイル)

1 ラベンダー
2 ローズ
3 ネロリ(オレンジフラワー)
4 ジャーマン・カモミール

から、お好みのものをひとつ。

*各精油はアロマテラピーのお店、手作り石けんや化粧品材料のお店などで手に入ります。

● **水**(精製水)

手作り化粧水を作るときに使う水は、どなたにとっても問題の起きる可能性がまずなく、手軽にどこの薬局でも手に入るということで、不純物を一切含まない蒸留水である「精製水」をまずはおすすめします。

精製水は、薬局のコンタクト用品の売り場や手作り化粧品材料のお店などで手に入ります。

化粧水の役目は基本的に、「肌の一番外側にあって内側の組織を保護している角質層にたっぷりと水分をしみ込ませて、柔らかくする」ということです。

ですから、ご自分の肌にとって特に問題がないのであれば、水道水をそのまま、あるいは塩素を飛ばした湯冷まし、浄水器を通した水、お気に入りのミネラルウォーターなど、お好きな水を使っていただいてかまいません。

精製水やミネラルウォーターなどの封を開けたあと、化粧水の材料として保存しておく場合は、冷蔵庫に入れましょう。

植物性グリセリン

精油を使った化粧水を作るとき、「グリセリン」（86ページ参照）というものを少し使用します。

グリセリンは、とろりとした甘い液体で、薬局や手作り化粧品材料のお店で手に入ります。

グリセリンには、水にも油にもなじむ性質があります。精油と水はそのままでは混ざりにくいので、短時間でなじませるために、グリセリンに間をつなぐ役目をさせるのです。

また、水分を引きつける性質があり、保湿成分としても働きます。

薬局では一般に、グリセリンは下剤とし

て扱われていますが、市販の化粧品の中では保湿成分、また、歯磨き剤の甘味料や湿潤剤として使われたりします。油溶性の汚れも水溶性の汚れも落とす洗浄剤として使われることもあります。

鉱物性の「合成グリセリン」もありますが、植物性のものは石けんの副産物で、原料の植物性オイルに自然に含まれているグリセリンを取り分けたものです。

自家製の化粧水の材料としては、「植物性グリセリン」をおすすめします。ラベルに明記されていない場合は、お店で確かめましょう。

手作り化粧品になじみのない一般の薬局の薬剤師さんの中には、グリセリンには鉱物性合成のものと植物性のものがあるということをご存じない方がいらっしゃるかもしれませんが、製造元に確かめていただけば、すぐにわかります。

完成品

基本の化粧水（フラワーウォーター）の作り方

材料……精製水…100ml
植物性グリセリン
…小さじ4分の1～2分の1
※花の精油の量は、各レシピを参照してください。

①500mlぐらいの空きびんなどの容器に
グリセリンを入れ、その上にのるように
好みの精油をたらす。

②容器を左右に振り混ぜる。
(グリセリンと精油が一様になじむように)

③精製水を加え、容器にふたをし、上下に強く何度も振り混ぜる。
化粧水用のガラスびんに移してできあがり。

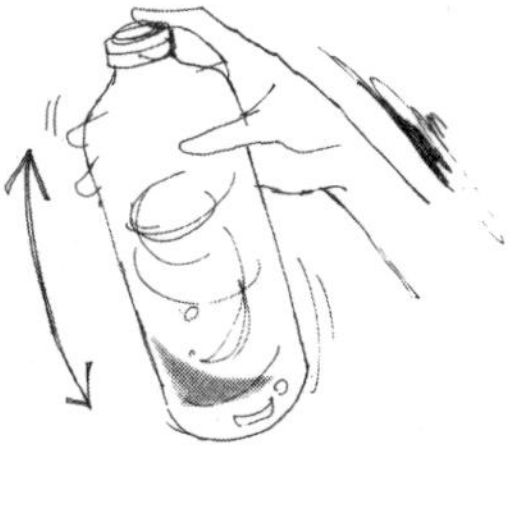

＊レシピ1～4は、この作り方を参照してください。

ラベンダーウォーター

抗炎症、抗菌作用があり、傷、にきび、日焼けなどで傷んだ肌に使う化粧水として効果的とされます。

特に脂性肌、普通肌向き。

ラベンダーの香りには、興奮を鎮めてリラックスさせる効果があるので、寝つきが悪い人のナイトローションとしてもよいと言われます。「洗う」ということばが語源のこの花の香りは、一日でたまった気持ちの澱《おり》もきれいに流してくれるかのようです。

アイロンがけの霧吹きに使う上質の「リネンウォーター」としてもそのまま使えます。清々《すがすが》しい香りに部屋が満たされると、心がのびのびと解き放たれます。

レシピ 1

ラベンダーウォーター

材　料　精製水………100ml　　ラベンダーの精油……5滴
植物性グリセリン……小さじ4分の1～2分の1

作り方　①空きびんなどの容器にグリセリンを入れ、その上にのるようにラベンダーの精油をたらす
②容器を左右に振り混ぜる
(グリセリンと精油が一様になじむように)
③精製水を加え、容器にふたをして、上下に強く何度も振り混ぜる

ローズウォーター

収斂《しゅうれん》、保湿効果が高く、情緒不安定、鬱《うつ》を伴うストレスからくる肌トラブルなどに効果的とされます。乾燥肌、敏感肌、老化肌の皮脂分泌調整にいいようです。

柔らかく、豊かなふくらみのある高貴なバラの香りを吸い込むと、現実のせわしなさを忘れ、一瞬「この香り以外にいったい何を望もうか?」といった感覚にとらわれます。こんなに完全に美しいものが、驚くなかれ、天上にではなくこの世界にあるということを思い出させてくれること。

それこそが、「心臓と頭脳と生命力を元気づける」というバラの香りの確かな効用なのかもしれません。

レシピ2

ローズウォーター

材　料　精製水………100ml　　ローズの精油……1滴
植物性グリセリン……小さじ4分の1〜2分の1

作り方　①空きびんなどの容器にグリセリンを入れ、その上にのるようにローズの精油をたらす
②容器を左右に振り混ぜる
(グリセリンと精油が一様になじむように)
③精製水を加え、容器にふたをして、上下に強く何度も振り混ぜる

オレンジフラワーウォーター

細胞組織や皮膚弾力の修復効果が高く、しわ対策に効果的とされます。不安や緊張などを伴うストレスからくる肌トラブルにも効果があり、特に、乾燥肌、敏感肌、老化肌の皮脂分泌調整にいいと言われてきました。

すぐ風に散ってしまう小さな白い花びらのオレンジフラワーは、バラなどにくらべると、目立たず清楚《せいそ》に咲いているようですが、そのにおい立つような芳香の健やかな力強さには、驚かされます。

からだの緊張を解きほぐしてくれるやさしい香りが、時がたっていくことの不安を、明日を迎える喜びに変えてくれるかのようです。

レシピ3

オレンジフラワーウォーター

材料　精製水………100ml　　ネロリの精油……1滴
植物性グリセリン……小さじ4分の1～2分の1

作り方　①空きびんなどの容器にグリセリンを入れ、その上にのるようにネロリの精油をたらす
②容器を左右に振り混ぜる
(グリセリンと精油が一様になじむように)
③精製水を加え、容器にふたをして、上下に強く何度も振り混ぜる

カモミールウォーター

炎症、痛み、かゆみ、湿疹などを伴うアレルギー系の肌トラブルに効果的とされます。特に敏感肌、からだの抵抗力が落ちているときのスキンケアによいようです。

カモミールをひとことで表現するなら、「傷ついた人々を癒すハーブ」だと言えるのではないでしょうか。昔から民間療法で、あらゆる傷や病気の治療に使われてきました。薬草とりんごが合わさったような香りは、人により好き嫌いがあるからか、ラベンダー、ローズ、オレンジフラワーのように華やかな香水の世界で主役を張ることはありませんでした。けれども白衣の天使のようなその質実なパワーは、ほんとうにたよりになります。

レシピ4

カモミールウォーター

材　料　精製水………100ml　ジャーマン・カモミールの精油……1滴
植物性グリセリン……小さじ4分の1～2分の1

作り方　①空きびんなどの容器にグリセリンを入れ、その上にのるようにジャーマン・カモミールの精油をたらす
②容器を左右に振り混ぜる
（グリセリンと精油が一様になじむように）
③精製水を加え、容器にふたをして、上下に強く何度も振り混ぜる

「フラワーウォーター」のアレンジと、保存の仕方について

●保湿の調整について

この化粧水は、グリセリンの量によって、肌質や季節に合った保湿の具合を加減できます。まずは小さじ4分の1で化粧水を作ってからできあがりを試してみて、もう少し保湿力が欲しいと感じたら、あとからさらに同量のグリセリンを足して、よく混ぜることもできます。

●香りの調整について

香りの強さの感じ方は、人によって違います。効果を感じることさえできれば、精油の量を好みで減らしていってもかまいません。

ご紹介した基本のフラワーウォーターのレシピでは、ラベンダーの場合、100ミリリットルの精製水に対してラベンダー精油を3滴まで量を減らしても、ご自身で「もの足りない」という感じがないかぎり、スキンケア効果はちゃんと発揮します。

同様に同程度にちゃんと日持ちもします。

ローズ、ネロリ、カモミールの場合は、基本レシピの精油1滴に対して、精製水の分量を200ミリリットルにする、つまり基本レシピの2倍にまで量を増やして、精油の濃度を薄めることも十分可能です。ご自分のお好みでお試しください。

なお、精製水の分量を2倍にする場合は、保湿剤としてのグリセリンの量も2倍にしてください。

●保存の仕方などについて

目安として、1ヵ月で使いきるなら精油入りの化粧水は常温保存でOK。できればキャビネットの中など暗いところに置けば、安心です。冷蔵庫保存するなら3ヵ月は持ちます。

この本でご紹介する作り方では、できあがったあと、すぐに使うこともできますが、作ってから一晩寝かせると、香りが落ち着き、肌へのなじみもさらによくなります。

美容オイル

●製品情報よりも、素材の情報こそが生きた知恵

すばらしい効き目の美容オイルを作るのは、とてもシンプルで簡単なことです。質のいい「天然オイル」を手に入れさえすればいいのですから。

第3章でご紹介したように、「天然オイル」とひとことで言っても、種類によって、使い心地の特徴や効能に驚くほどのバリエーションがあり、さまざまな肌のコンディションに応じた美容オイルをご自分で整えることができます。

とにかく自分の肌に合ったオイルを見つけさえすればいいわけで、「素材がすべて」。素材自体が、すばらしいスキンケア効果を持つ完成品となる場合も多いのです。

次々と出てくる新しい化粧品の情報を追いかけ、試し続けるのは、骨が折れる割に報われることが少ないと思っていらっしゃる方がとても多いようですが、「製品」ではなく「素材」そのものにどんなパワーがあるのかということを知り、その知識を積み重ねていくことは、決し

て無駄になることがありません。着実に豊かな実りをもたらしてくれます。

まず第3章のオイルの項を参考に、上質の天然オイルをひとつ選んでください。どなたでも、ほんの少量の美容オイルでスキンケアができるはずです。一度に使う量は、1、2滴から。様子を見て、もし足りなければ、さらに1、2滴足す、といった具合です。

使う量のわかりやすい目安は、寝る前の洗顔後に使って、翌朝起きたときに、肌が潤おって、つるつるすべすべになっている。べたべたせず、素肌そのまま、という感じで気持ちいい！　それが「ちょうどいい頃合い」です。

ほんの少しずつ使うのですから、たったの10ミリリットルぐらいの量でも、40回から70回分ぐらいの美容オイルになります。素材のオイルを手に入れたら、2週間とか1ヵ月ぐらいで使う分だけを小分けにし、使わない分は冷暗所や冷蔵庫で保存しておきます。

1滴ずつ出せる美容オイル用の化粧びんや、ドロッパー付きの精油びんなどに入れると、とても便利です。精油びんには5ミリリットルの小さいサイズのものもあり、旅行などのときに持ち歩くにもコンパクトで好都合です。

美容オイルは、素材そのまま、無香料で使うこともできますし、花の精油を足して、その香りとスキンケアの効能をベースのオイルに加えることもできます。

基本の美容オイルの材料・道具

花の精油
（エッセンシャルオイル）

オイル

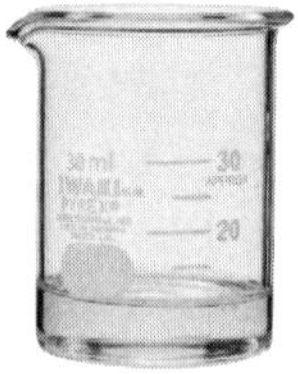

● **オイル（95ページ～を参考に好みのものを選ぶ）**

1 オリーブオイル／2 椿油
3 ヘーゼルナッツ油
4 マカデミアナッツ油
5 ホホバオイル
6 スイートアーモンド油
7 アボカド油／8 馬油《ばあゆ》
9 太白《たいはく》ごま油／10 パンプキンシード油
11 くるみ油／12 ククイナッツ油
13 月見草油／14 ローズヒップ油
15 しそ油、えごま油／16 亜麻仁油《あまにゅ》

＊各オイルは、それぞれデパート、スーパーマーケット、輸入食品店、アロマテラピーのお店、手作り石けんや化粧品材料のお店などで手に入ります。

●花の精油（エッセンシャルオイル）

1 ラベンダー
2 ローズ
3 ネロリ
4 ジャーマン・カモミール

から、お好みのものをオプションで加えます。

無香料の美容オイルを使いたい場合には、加えなくてもかまいません。

＊各精油は、アロマテラピーのお店、手作り石けんや化粧品材料のお店などで手に入ります。

道具について ――

1 美容オイル用ガラス化粧びん
2 ドロッパー付きガラス精油びん

どちらでもかまいません。

上手にスキンケアするには、1滴ずつ取り出せることが大事なポイントです。

美容オイル用ガラス化粧びんを使った完成品

＊美容オイル用ガラス化粧びん、ドロッパー付きガラス精油びんは、雑貨店、ホームセンター、アロマテラピーのお店、手作り石けんや化粧品材料のお店などで手に入ります。

ドロッパー付き
ガラス精油びん

オイルの保存方法について ――

第3章の「美しい肌を作る16のおすすめオイル」で各オイルの説明をご覧ください。

道具の手入れについて ――

美容オイルを入れたびんは、中身がなくなるたびに、洗ってきれいにして使いましょう。

アルコール（ウオツカやホワイトリカー、消毒用エタノールなど）をびんの中に入れてよく振り、しばらく置くか、アルコールの中にびんを浸けておくと、オイルがアルコールに溶け出して、小さなびんも簡単にきれいになります。

試験管を洗うようなミニブラシなどを使って、石けん水で洗ってもよいでしょう。

洗ったびんはよく乾かしてから、新しいオイルを入れるようにしましょう。

（道具の写真や説明は、巻末の索引も参照してください）

レシピ5

基本の美容オイル

材料……好みのオイル…10ml（小さじ2杯）

♡オプション　好みの花の精油

ラベンダーの場合…2〜3滴

ローズ・ネロリ・カモミールの場合…1滴

① びんの中に、10mlのオイルを入れる。

② オプションで精油を加え、びんにふたをしてよく振り混ぜる。

＊レシピ6、7は、この作り方を参考にしてください。

③ 余分な水分が蒸発するのを
待ち、そのあとでさらに
肌が乾いていく感じが
あるかどうか確かめる。

④ そのまま肌が落ち着けばケアはおしまい。

⑤ もし、まだ肌が乾いていきそうな感じがあれば、
それが落ち着くまで②、③を繰り返す。
多くつけすぎないのがポイント。

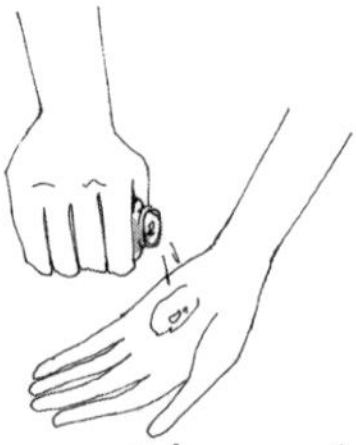

精油びんに入れた美容オイルが出にくいときには、
手のひらで握って温めると出やすくなります。

美容オイルの使い方

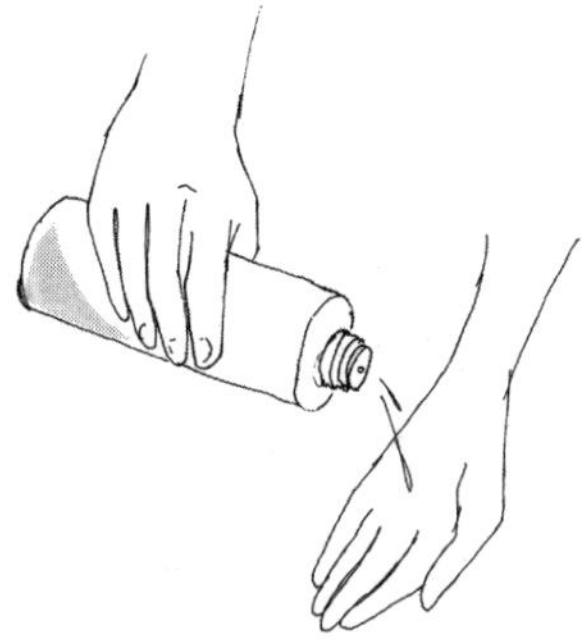

①化粧水をたっぷり使ったあとで。
さらに手のひらに少しの化粧水を取る。

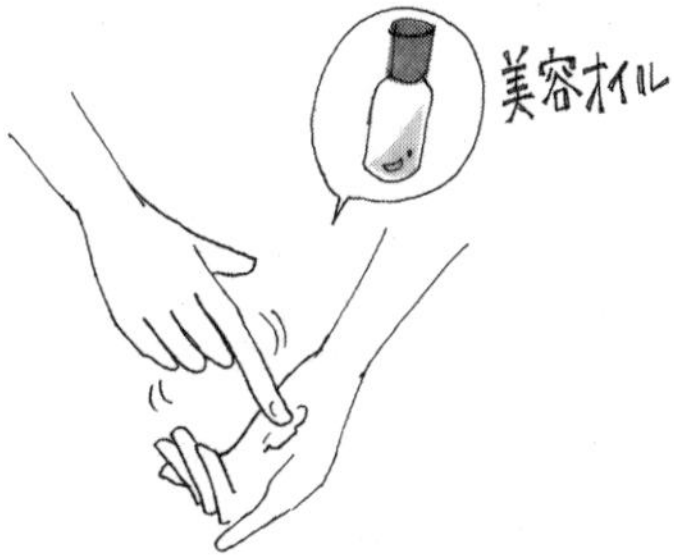

②手のひらの化粧水に美容オイルを1~2滴たらし。
さっと混ぜながら、顔にぬりのばしていく。

オリーブとホホバの美容オイル
ベーシックなスキンオイル

お気に入りのオイルが持つ、違った効能をいくつか組み合わせて、必要に応じ、自分だけの美容オイルを作ってしまうことも簡単です。

「作り方を教えて！」と熱心に言われて友人に見せると、拍子抜けされるぐらいです。だって、ただいくつかのオイルを混ぜて、化粧びんに移すだけなんですから……。

これは、とても人気のある「オリーブオイル」と「ホホバオイル」、ふたつのオイルを組み合わせたシンプルでベーシックなスキンケアオイルです。

「オレイン酸」「スクワレン」「ロウ」という3種の皮脂成分をカバーできます。

オリーブオイルにはとてもリッチでオイリーな保湿力があり、ホホバオイルはそれよりもさらりとしてのびがよく、肌になじみます。

そんな特徴の違いを生かし、組み合わせの割合で使用感を作り分けることができます。

オリーブオイルはもし肌に合うなら、圧搾法で作られた上質の食用エキストラバージンオイルを問題なく使えます。精製度の高い化粧用のオリーブオイルを使えば、やや軽めで肌になじみやすいぬり心地となります。

ホホバオイルは、脱色精製をした無色透明のものと、していない金色のものがあり、アロマテラピーのお店やドラッグストア、化粧品店などで手に入ります。

無色透明のほうが軽めの使い心地で、金色のものは、とろりとした高い保湿力があります。

季節や肌のタイプによって、お好みのものを使ってください。

オリーブオイルもホホバオイルも持ちがよい油ですので、常温で6ヵ月は十分持ちます。

レシピ6

オリーブとホホバの美容オイル

材料 ① こってりタイプ
オリーブオイル……15ml　ホホバオイル……… 5ml

② しっとりタイプ
オリーブオイル……10ml　ホホバオイル………10ml

③ さっぱりタイプ
オリーブオイル…… 5ml　ホホバオイル………15ml

作り方 ① 化粧びんの中に分量のオイルを入れてふたをする
② 振ってよく混ぜ合わせる

4つのオイルの美容液

スキンケアに必要な皮脂の成分が大集合

「オリーブオイル」「スイートアーモンド油」「ホホバオイル」「マカデミアナッツ油」の4つのオイルを贅沢《ぜいたく》にブレンドしました。

豊かな保湿力の「オレイン酸」、保湿力と抗酸化作用の「スクワレン」、老化ケアの「パルミトレイン酸」、肌を保護してなめらかに保つ「ロウ」という、皮脂の4大スキンケア成分を、すべて合わせた欲張りな美容液です。

「最高に贅沢《ぜいたく》な石けん」(「お風呂の愉《たの》しみ　5つのオイルの石けん」写真365ページ参照)という洗顔用の石けんレシピを前の本の中でご紹介したことがありますが、それの美容オイル版といった感じです。

この美容オイルでは、当時なかなか手軽に手に入りにくかった「マカデミアナッツ油」の「パルミトレイン酸」効果までプラスしていますので、機能の面ではさらに贅沢なものとなっています。

まずは精油を加えずプレーンで試してみてください。

オリーブオイル、スイートアーモンド油、マカデミアナッツ油は、食用、化粧用の両方が手に入りますが、ホホバオイルは、脱色精製をしたものとしないもの、両方とも、化粧用のものしかありません。

どのオイルも、ご自分の好みと都合に合わせながら、肌との相性を確かめつつ選んでください。

アロマテラピーのお店に行くと、サンプル用のボトルがあって、購入する前に試すことができるようです。

オプションで、ホルモン分泌を調整してくれるというローズの精油と、しわ対策に強い味方と言われる若返りのネロリの精油を1滴ずつ加えると、肌の調子を整える効果もさらに増します。

バラとオレンジの花のうっとりするような芳香が加わって、すばらしい美容オイルになります。

レシピ7

4つのオイルの美容液

材　料　オリーブオイル……5ml　スイートアーモンド油……5ml
ホホバオイル………5ml　マカデミアナッツ油………5ml

＊オプション　ローズの精油……1滴　ネロリの精油……1滴

作り方　① 化粧びんの中に分量のオイルを入れてふたをする
② 振ってよく混ぜ合わせる

★オプションで花の香りをつける場合は、精油を加えてびんにふたをし、さらによく振り混ぜる

美容クリーム

時とともに肌の気持ちも変わりゆく

化粧水をたっぷりとしみこませて柔らかくなった肌の上に、相性のよい美容オイルを数滴ぬりのばすだけで、ほとんどの場合、洗顔後のケアは事足ります、と、あるとき言ったら、私よりも年長組の方々から、「あなたねえ、それは傲慢《ごうまん》というものよー。そのうちそんなこと言っていられなくなるわよ。誰の上にも時は公平に流れるんですからね」と、愛とむちのお告げがありました。

確かに自分のことをふり返ってみても、10年前と今では、好みの精油やオイルも少しずつ変わってきています。いえ、好きだったものは今でも好きなのですが、以前、そんなに頻繁には使わなかったものの出番が、ゆるやかに増えてきたということは確かなのです。

たとえば、20代後半から30代前半までは、ラベンダーの魅力に夢中で、化粧水に使う精油は、ほとんど「さわやかさのラベンダー」一本やりでも大満足でした。高価なローズやネロリは、

「確かにすばらしい香りだけど、ラベンダーもやっぱりすてきだし、ローズやネロリを使うのは、ほんのたまの贅沢で十分」という気分だったのです。

純粋なローズやネロリは、香りを使った代替医療や美容の分野で、それぞれ特徴のある貴重な効能を持つ上、採れる量が少なく、香水などの大事な原料としても需要が多いために希少価値も高くなっています。そんなに希少で大事なものなら、特に今必要を感じない自分が、あえて普段に使わせていただかなくてもいいのじゃないかしら、という気持ちでいました。

アロマテラピーの基本は、「自分が好きと感じる精油には、自分のからだが必要としている相性のいい成分が含まれている」ということです。ですから、自分の好みに自然と従っていた結果、私の場合、ラベンダーの出番が圧倒的に多かったということなのです。

それが30代後半を過ぎ、40代に突入すると、ローズやネロリの香りをしみじみと「ああ、いいなあ……」と思う機会が前よりも増えてきました。

不思議なことに、よくよく自分の感じ方を観察していると、朝晩の洗顔のあと、「今日はこれが使いたい」となんとなく感じる化粧水や美容オイルの香りは、決して一定ではありません。「昨日は断然ラベンダーだったのに、なぜ今朝はネロリなのかしら?」と考えてみても、自分でも答えがはっきりわからないことが多いのですが、その微妙なところをからだが自然と選択して、手を伸ばさせているという感じなのです。そしてそれに素直に従っているかぎり、基本的にからだも肌も気分も快調を保てるというわけなのです。

ただ、ふと考えてみると、ローズもネロリも大昔から「年齢肌」への効果ありとされてきた精油。う〜む、「いつしか時は流れたり……」と思わざるを得ません。

●「保湿クリーム」にも「化粧下地」にも

この章でご紹介する美容クリームは、「美容オイルよりも、さらに念入りに皮膚の水分を保護するためのもの」として使えます。つまり、肌のコンディションによって、美容オイルだけではどうしても水分の蒸発を止めることができない、と感じる場合に、保湿の強い味方となってくれるものです。

皮脂の分泌量は、年齢とともに確かに減っていきますから、肌が必要とするものが少しずつ変化してくるのは、香りの成分の場合も、美容オイルやクリームの場合も同じこと。やはり自然の道理なのでしょう。

私自身は今のところ、「保湿」という目的のためには美容オイルだけで十分ですので、自分が作るクリームを「保湿クリーム」としてすごく重宝しているという実感は、正直まだあまりありません。

でも、前に賢者のお告げをくださったおばさま方や、そのご友人の間では、このクリーム、大変な人気です。しかも、アロマテラピーなど、普段の生活でまったく意識していない方々の間でも、「年齢肌対策」のローズやネロリの精油を加えたレシピの人気がやはり断トツです。感覚で自然と選んだ結果がそれ、とすると、「昔から経験とともに言い伝えられてきたことには、きっと、何か真実があるのよねえ」と思わされます。

さて、私自身はこのクリームを何の目的でいつも作り置きしているかと言いますと、メイクアップ用品やＵＶクリームなどの化粧下地用としてなのです。

前にも少し触れましたが、実は私の肌は、ずっと昔から、面倒なことに紫外線アレルギーで、春先から初夏の陽射しや南国の強い太陽にあたると突発的にぷつぷつと赤い発疹が出るという困った癖があります。

海辺へ行くと、ビーチパラソルなどの陰にしっかり入っていても、防ぎきれないビーム攻撃で、かゆみが始まってしまいます。しかも、何かにかぶれたりということはほとんどないのに、よりによって、市販の日焼け止めクリームが、まったく肌に合いません。

せっかく海のきれいなところに旅に出て、太陽も大好きなのに、体中を長袖、長ズボンで覆い隠していなければならないというのでは、いかにもうっとうしく、気のふさぐ話です。「なんとか日焼け止めクリームを使えるようにしなくっちゃ」というのが、市販の化粧品から肌を保護してくれる自家製クリームを作ろうとするきっかけだったのです。

もちろんはじめは、「日焼け止めクリーム」自体を作りたかったのですが、「ある程度の紫外線よけ効果」があるものは工夫できても、市販のＵＶクリームに入っているような強力な紫外線吸収剤を使わずに、発疹を止められるほどのパワーを持ったものを作るのはとても無理だということがすぐにわかりました。だとすれば、ＵＶクリームの中に入っている相性の悪い成分から、肌を守るしか方法はありません。

というわけで、今ではサンケアの効能を持つ素材を選んで作ったこの下地クリームをぬることで、必要なときには市販の日焼け止めも使えるようになり、時には心地よい陽射しを浴びるのも、まったく気がかりがなくなりました。もちろんＵＶクリームの下だけでなく、普通の化粧下地としても使えます。

私は、外出時は一年中、このクリームの上に、市販のＵＶクリームをぬっています。さらに、その上にファンデーションをのせることもありますが、その場合、リキッドタイプでも、固形タイプでも、あるいはパウダーだけでも種類を選びません。

けれども、ＵＶクリームを使わずに、このクリームを下地にして、直接ファンデーションをぬるという友人の場合は、リキッドタイプを使ったほうが、固形タイプよりつやが出て、きれいに仕上がるということです。

クリームが、刺激からしっかりと肌を保護してくれますので、どんなファンデーションをぬっても、安心感があります。

そしてなんといっても、作るのが簡単！

5分もかからずに、使い心地がよくて、安心で気持ちのいい、すてきなクリームができてしまいます。

●南国生まれの植物バターのパワー

この美容クリームのレシピの中で、素材としての効力を発揮してくれるのは、太陽の照りつけるアフリカや東南アジアの国々で育つ植物が生み出すバター類です。

バターと言っても、牛乳やヤギ乳のバターではありません。木の実や果物の種の中に含まれている脂肪分を搾ったもので、現地では昔から食用、薬用、美容のために伝統的に使われてきたものです。

私が一番長く愛用しているのは、西アフリカのサバンナ地帯、ガーナやマリなどに自生するシアという木になる実の核を搾ってとりだした「シアバター」。強い陽射しから肌を守り、ダメージを防ぐためのサンケアクリームとしてのほか、傷ややけど、ひびわれなどの薬としても使われてきた、白くこってりとしたバターです。

これをぬると、その部分の血行がよくなるとされ、現地では筋肉痛や関節痛などの民間治療薬としても使われてきました。そのままでもリップクリームやかかとのケアなどに使えば、ひびわれかけた皮膚を修復し保護するのに、すばらしいパワーを発揮します。

興味深いことに、まったく同じような効能を持つ植物バターが、やはり陽射しの強いインドやマレーシアなどの地域にあります。こちらはあのマンゴーの実の中にある種を搾ってとりだしたバターで、「マンゴーバター」と呼ばれます。

うっすらと黄味がかったクリーム色。これも強い紫外線による肌のダメージを防ぎ、やけどや傷などのケアもできます。シアバター同様、ぬった部分の血行をよくすることでも知られています。

このシアバターとマンゴーバターは、はじめから液体である美容オイルよりこってりとしたバター状ですが、いったん肌にぬると体温できれいに溶けてのび、肌になじみます。肌の上で重たくない、気持ちのいい保護膜を作ってくれます。液体オイルより逆に油っぽい感じがなく、肌になじむなめらかなぬり心地です。

ご紹介する美容クリームは、シアバターかマンゴーバターのどちらかを選び、それと第3章でご紹介したオイルの中からお気に入りのものを合わせて、いっしょに溶かして固めます。どちらのバターがいいかというのは、あまり深く悩む必要はありません。効能も使い心地もとてもよく似ていますから、基本的に手に入りやすいのがどちらかで決めてしまっても、かまわないのです。

　私は両方とも大好きですが、どちらかというと美容クリームを作るときには、シアバターを使うことのほうがかなり多いのは、精油を混ぜたときに、やや、シアバターのほうが花の香りの邪魔をしにくいからです。でも、マンゴーバターの薄いクリーム色のかわいらしさとその淡い香りを生かしたクリームを作ろうとするときもありますから、どちらでも、お好みのものを使っていただければいいのです。

　シアバターの中にも、精製の仕方によっては、薄い緑色をした淡い香りのするものもあります。

美容クリームの材料・道具

花の精油（エッセンシャルオイル）	植物バター	オイル
	 写真はシアバター	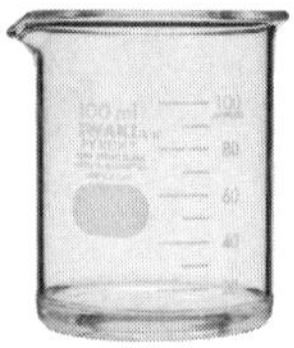

●**オイル**（95ページ～を参考に好みのものを選ぶ）

1 オリーブオイル
2 椿油
3 ヘーゼルナッツ油
4 マカデミアナッツ油
5 ホホバオイル
6 スイートアーモンド油
7 アボカド油
8 馬油《ばあゆ》
9 太白《たいはく》ごま油
10 パンプキンシード油
11 くるみ油
12 ククイナッツ油
13 月見草油
14 ローズヒップ油

15しそ油、えごま油
16亜麻仁油《あまにゆ》

クリームは取り出すときに、指先で直接触れるものですので、傷みやすいデリケートなオイルを使うときには注意してください（その場合は、冷蔵庫での保存がおすすめです）。

＊各オイルは、それぞれデパート、スーパーマーケット、輸入食品店、アロマテラピーのお店、手作り石けんや化粧品材料のお店などで手に入ります。

●植物バター

1シアバター
2マンゴーバター

から、お好みのものをひとつ。

＊1、2の植物バターは、アロマテラピーのお店、手作り石けんや化粧品材料のお店などで手に入ります。

●花の精油（エッセンシャルオイル）

1ラベンダー
2ローズ
3ネロリ
4ジャーマン・カモミール

から、お好みのものをオプションで加えます。

無香料の美容クリームが使いたい場合は、加えなくてもかまいません。

＊各精油は、アロマテラピーのお店、手作り石けんや化粧品材料のお店などで手に入ります。

完成品

道具について――（写真は、362ページ索引参照）

美容クリーム用ガラス容器

精油を入れたレシピの場合は、変質の心配がないガラス製のものがおすすめです。

※アロマテラピーのお店、手作り石けんや化粧品材料のお店などで手に入ります。

ビーカー

クリームを作るときの耐熱容器として、理科実験で使う、100ミリリットルのガラスのビーカーが、とても使いやすくて便利です。

実は、ビーカーは美容クリーム作りだけでなく、普段の料理にもとても便利な道具。目盛りは10ミリリットル単位ですが、その半分を目測すれば、5ミリリットル単位まで量れます。調理用の大さじ（15ミリリットル）や小さじ（5ミリリットル）を使うのにくらべると、合わせ調味料やドレッシング、デザートのソースなどを合わせるのに、とても能率的です。

中にただ注ぎ入れていけばいいだけですし、注ぎ口がついているのも便利で、洗いものも少なくてすみます。

薬さじ

少量の材料を量りとるための道具です。ステンレスの持ち手の一方に、普通のティースプーンほどの大きさのさじが、もう一方にはからし用のスプーンのような小さなさじがついています。

私はこの美容クリームを作るとき、シアバターを量るのに使っています。ほかに、合わせ調味料やドレッシングを作るとき、からしやわさび、ドライスパイスなどをほんの少し足したりするときにも。

とてもすくいやすいので、時には普通の食器として、デザート用のスプーンにしたりもします。

※ビーカーも薬さじも、ホームセンターなどの理科実験用具売り場で手に入ります。

1グラム単位で量れる料理用デジタルはかり

クリームの材料はグラム単位で量りますので、デジタルのはかりがおすすめです。

③美容クリーム用の容器に流し入れ、ふたをする。

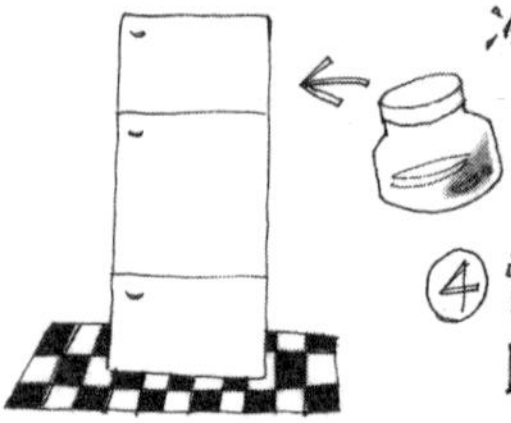

冷蔵庫へ….。

④常温に冷めたら冷蔵庫に入れて、
固まるのを待つ。
固まったらすぐに使える。

傷みやすいデリケートなオイル（ククイナッツ油、月見草油、
ローズヒップ油、しそ油）を使っている場合は冷蔵庫に保存。
それ以外のオイルであれば常温で使える。

基本の美容クリームの作り方

材料……好みのオイル…8g
シアバター、(または)マンゴーバター…17g
※花の精油の量は、各レシピを参照してください

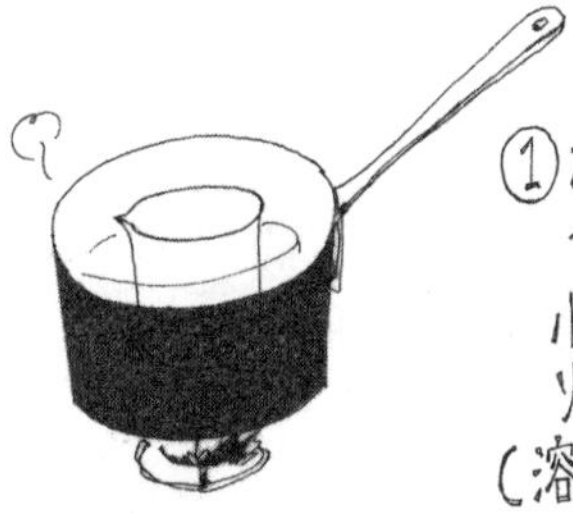

① 植物バターとオイルを注ぎ口のついた小さな耐熱容器に入れて、小鍋で湯煎にかけて溶かし、火からおろす。
(溶けきる少し前に火からおろして、余熱で溶かすようにすると、デリケートなオイルを熱で傷めることがなく、そのあと粗熱をとるのもスピーディー)

② 粗熱がとれて、耐熱容器を素手でさわれるほどに温度が下がったら、オプションで精油を加え、竹串などでよく混ぜる。
(オイルが熱すぎると精油がすぐ揮発してしまうので注意)

＊レシピ8〜11は、この作り方を参照してください。

「美容クリーム」のアレンジの仕方について

この自家製美容クリームは、「肌への効能を持つ成分のみ」を合わせたもので、それ以外に「クリームの柔らかさを、年間通して一定に保つために必要なもの」は、まったく使っていません。

そのために、同じレシピで作っても、夏のほうが気温が高いので、冬よりも少し柔らかく、のびやすくなり、寒い季節には心持ち硬めということになります。季節や部屋の温度によって、ぬりのばすときの感じが微妙に違ってくるというわけです。

でも実際には、肌にぬってしまえば体温で溶けて、一定ののびになります。

美容クリームを作るための作業はあっというほど簡単で、スキンケアの効能を持つ植物バターとオイルを少量合わせて溶かし、冷やして固めるだけですが、バターとオイルの割合をほんの少し変えるだけで、肌のタイプや季節の違い、使用感の好みによって、保湿量や柔らかさを調整することができます。

まず基本レシピの章では、植物バターの持つ肌の保護作用を最大限に生かした、スタンダードで一番人気のある配合をご紹介していますので、それを試して使用感を確かめてみてください。

そのあと、もし「どれどれ」と思われましたら、第6章を参考に、配合のバリエーションを変えて、ご自分の好みの頃合いを探すのを楽しんでいただければと思います。

精油を加えず、バターとオイルだけでプレーンに作っても、肌をなめらかにするすてきな無香料の美容クリームになります。

花の精油を加えることで芳香成分とその効用をプラスしながら、花の香りのすてきな美容クリームを作ることができます。化粧水や美容オイルと香りをコーディネートすれば、その効果もさらに高まります。

シアバターとホホバオイルのフローラルクリーム4種

いろいろな用途の美容クリームを作り分けることができるのですが、もしも「万能クリーム」というべきものがあるなら、この「シアバター」と「ホホバオイル」のクリームをおいてほかにはありません。

もしもホホバオイルが問題なく肌に合うなら、美容クリームはこれひとつで十分満足、すべてこれで事足りるという方が少なくありません。ですから迷ったら、まずはこの組み合わせを試していただけたらと思います。

シアバターは紫外線による肌のダメージを予防したり修復したりするほか、傷の修復も助けてくれますので、肌を保護する美容クリームのベースとしてぴったりであることはすでにお話ししました。

ホホバオイルも、北米の砂漠地帯でネイティブアメリカンの人たちが、厳しい陽射しや乾燥から肌や髪を守るために、伝統的に薬や美容品として使ってきたオイルです。皮脂の中にも含まれるロウの成分を多く含むことで、肌をなめらかにし、摩擦や外気の刺激から守ってくれます。

保湿用フェイシャルクリームとしてすばらしいのはもちろん、ボディクリームとしても、お化粧の下地としても、ネイルのケアクリームとしてもおすすめ。ほんの少量でもよくのびて肌になじみ、決してべとつきません。ロウとはワックスのことですので、このクリームをヘアワックスとして使うこともできます。

私は基本的には、さまざまなオイルの効能は美容オイルで取り入れて保湿をし、そのあとはこのクリームで外気や陽射し、化粧品などの刺激から肌を保護するという使い方をしています。

顔用の保湿クリームとして使うときには、化粧水を使ったあとでも、美容オイル同様、手のひらにほんの少し（まずは耳かき1、2杯分ぐらい）クリームをとり、そこに化粧水をたらして、さっと混ぜ合わせてからぬりのばしていくと、表皮の水分不足を確実に防ぐことができますので、効果が高まります。

ロウが多いので、非常に酸化しにくく、すばらしく日持ちがするのも、ホホバオイルが美容クリームの材料としてとてもありがたい理由のひとつです。クリームを作ってから常温で置いてあっても、1年ほどは平気な顔で質を保ってくれます。

私も、ほかのクリームは必要に応じて作るという感じですが、このクリームは常に作り置いていて、切らすことがありません。

オイルとバターの配合がいっしょでも、花の種類や組み合わせで、効能のバリエーションができます。

なお、作り方のプロセスは、「基本の美容クリーム」（264～265ページ）と同じですので参照してください。

＊ホホバオイルを使ったクリームについて

寒い時期に気温のとても低い部屋で作ったり、まだ中身が温かいまま冷蔵庫に入れて、庫内の温度が低くて急激に冷やし固められたりすると、ホホバオイルの小さな結晶がぷつぷつとできて、なめらかな使用感が得られず、ざらざらしてしまうことが、たまにあります。

そうなってしまっても肌にぬれば自然に溶けはしますが、ぬりのばすときのつけ心地があまりよくありません。気になるようであれば、もう一度溶かして、今度はよく混ぜた後で、ゆっくり固め直すといいでしょう。その場合は精油が飛んでしまいますので、もう一度加え直してください。

ラベンダークリーム

ラベンダーの精油を加えることで、シアバターが持つ傷修復の効果がさらに高まるのでわが家では、ほとんど市販の家庭用傷薬の代わりに薬箱に常備しています。

もちろん普段は上質なフェイシャルクリームとして使えます。ひげ剃りあとのスキンケアクリームとしても、とても喜ばれます。

ラベンダーの清々《すがすが》しくてさわやかな香りのおかげで、使うだけで気持ちが洗われるような気分になれるすてきな美容クリームです。

レシピ8

ラベンダークリーム

材　料　ホホバオイル…………8g　　シアバター………17g
ラベンダーの精油……5滴

作り方　①シアバターとホホバオイルを注ぎ口のついた小さな耐熱容器に入れて、小鍋で湯煎にかけて溶かし、火からおろす
②粗熱がとれて、耐熱容器を素手でさわれるほどに温度が下がったら、ラベンダーの精油を加え、竹串などでよく混ぜる（オイルが熱すぎると精油がすぐ揮発してしまうので注意）
③クリーム容器に流し入れ、ふたをする
④常温に冷めたら冷蔵庫に入れて、固まるのを待つ。固まったらすぐに使える。常温で保存できる

ローズクリーム

バラの香りは世界のどこでも、時代を超えて特別なものでした。古代ギリシャでは愛と美の女神アフロディーテに捧げられた花でしたし、ローズウォーターをふりかけた料理はスルタン（アラビアの王様）の食卓にのぼりました。庭に咲くたった一輪のバラであっても、その芳香を胸に吸い込むだけで、無条件に気持ちはときほぐされ、静かに満たされていきます。

すばらしいフェイシャルクリームです。

バラの合成香料は化粧品にもしょっちゅう使われますが、ほんとうの純粋なバラの精油がこんなに贅沢に配合された市販の美容クリームというのはまずありません。

レシピ 9

ローズクリーム

材　料　ホホバオイル………8g　シアバター………17g
ローズの精油………2滴

作り方　①シアバターとホホバオイルを注ぎ口のついた小さな耐熱容器に入れて、小鍋で湯煎にかけて溶かし、火からおろす
②粗熱がとれて、耐熱容器を素手でさわれるほどに温度が下がったら、ローズの精油を加え、竹串などでよく混ぜる（オイルが熱すぎると精油がすぐ揮発してしまうので注意）
③クリーム容器に流し入れ、ふたをする
④常温に冷めたら冷蔵庫に入れて、固まるのを待つ。固まったらすぐに使える。常温で保管できる

オレンジの花のクリーム

「アンチエイジング」対策のフェイシャルクリームということで、広い範囲の年齢の方々に絶大な人気を誇るのが、このオレンジの花（ネロリ）の香りのクリームです。「あのしわとりクリームを作ってちょうだい！　きれるとピンチなの」と勢いこんだリクエストが絶えません。でも、作るのがどんなに簡単かを目の前で見ると、たいてい「なーんだ、これなら好きなときに自分で作るわ」となります。

昔々から愛用した姫たちも多かったネロリ。

そのさわやかでふくよかな香りをかぐと、眉間《みけん》のしわがのびることだけは、まちがいありません。

レシピ 10

オレンジの花のクリーム

材　料　ホホバオイル………8g　シアバター………17g
ネロリの精油………2滴

作り方　①シアバターとホホバオイルを注ぎ口のついた小さな耐熱容器に入れて、小鍋で湯煎にかけて溶かし、火からおろす
②粗熱がとれて、耐熱容器を素手でさわれるほどに温度が下がったら、ネロリの精油を加え、竹串などでよく混ぜる（オイルが熱すぎると精油がすぐ揮発してしまうので注意）
③クリーム容器に流し入れ、ふたをする
④常温に冷めたら冷蔵庫に入れて、固まるのを待つ。固まったらすぐに使える。常温で保存できる

カモミールクリーム

「敏感肌の定番」と言われるマイルドなハーブ。ほかの何を使ってもだめ、というトラブル肌を抱えた方が、最後にたどりつくことが多いのがカモミールです。

炎症やかゆみ、傷の痛みなどを穏やかに緩和してくれますので、ラベンダークリームと同じように、備え付けの家庭用ぬり薬代わりにも使っています。お風呂上がりのボディクリームとして愛用している方もあります。

有効成分のカマズレンの濃いブルーのため、きれいな淡い水色のクリームになります。ほんのりとりんごの香りがしますので、私の周りの愛用者の間では、「りんごのクリーム」と呼ばれています。

レシピ 11

カモミールクリーム

材　料　ホホバオイル………8g　シアバター………17g
ジャーマン・カモミールの精油……2滴

作り方　①シアバターとホホバオイルを注ぎ口のついた小さな耐熱容器に入れて、小鍋で湯煎にかけて溶かし、火からおろす
②粗熱がとれて、耐熱容器を素手でさわれるほどに温度が下がったら、ジャーマン・カモミールの精油を加え、竹串などでよく混ぜる（オイルが熱すぎると精油がすぐ揮発してしまうので注意）
③クリーム容器に流し入れ、ふたをする
④常温に冷めたら冷蔵庫に入れて、固まるのを待つ。固まったらすぐに使える。常温で保存できる

Chapter 6

応用レシピ

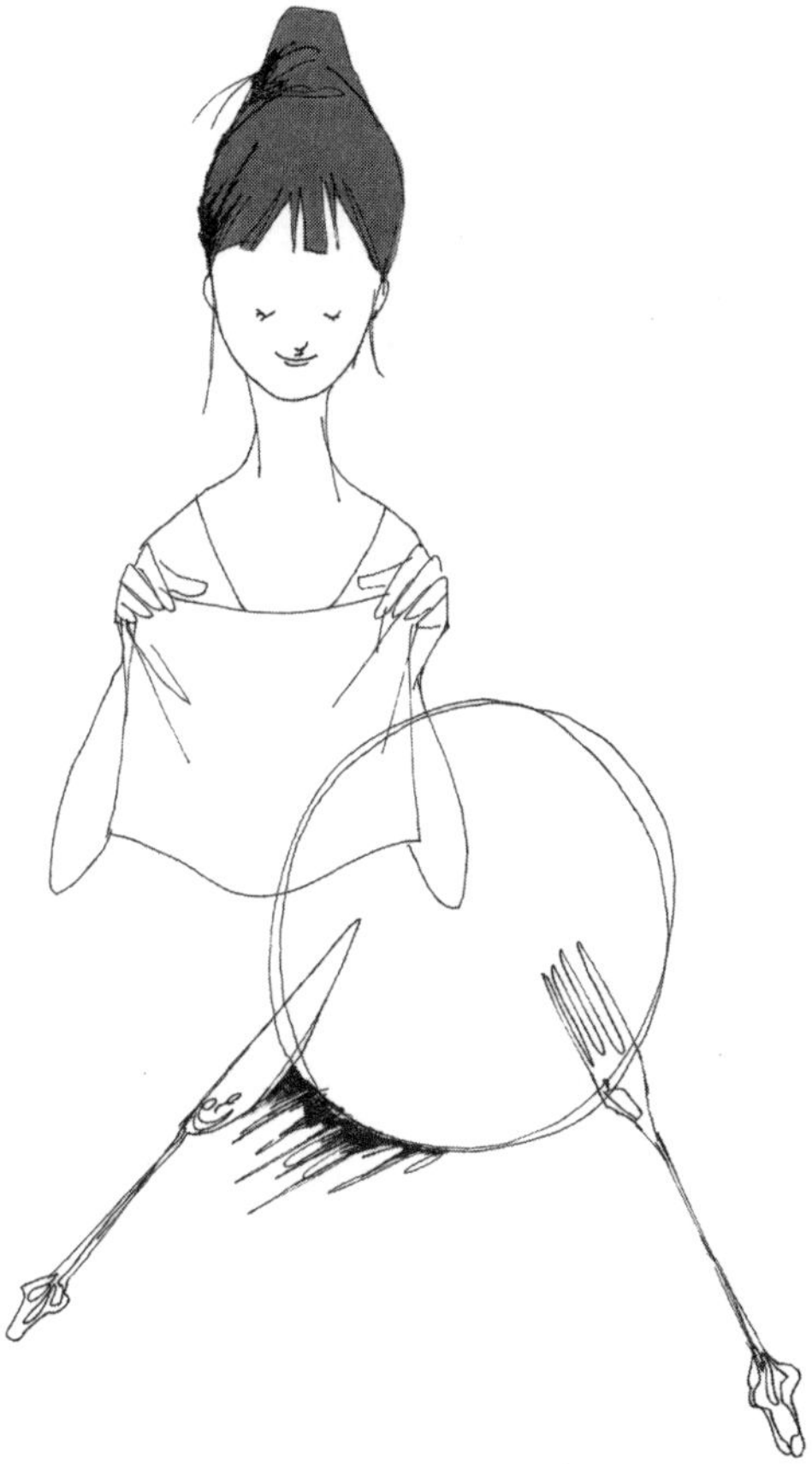

この章は、第5章でご紹介した基本のレシピの応用実例集です。

第5章での基本的な方法をふまえた上で、各オイルや精油のさまざまな効能を組み合わせ、自分の目的に沿ったオリジナルの「化粧水」「美容オイル」「美容クリーム」を編み出すヒントにしていただければと思います。

「シンプルスキンケア」式の基礎化粧品は、「ただ素材を混ぜ合わせるだけ」ですから、素材の特徴さえつかめば、ほんとうに誰でも簡単に、必要に応じて、自分なりの組み合わせを思いつけるようになります。

もちろん、長年私が自分で愛用してきたもの、これまで、周りの人たちにとても人気のあった実例ばかりを集めていますので、ご自分の目的に沿ったものがあれば、そのまま、どんどん活用してください。

化粧水（ブレンドフラワーウォーター）

●香りと効能の組み合わせで楽しむ「ブレンドフラワーウォーター」

アロマテラピーの特徴のひとつは、複数の芳香成分を組み合わせて使うことで、香りが丸くふくらみ、複雑になって味わいを増すこと。その上、それぞれの成分が効用を高め合って、さらに効果を増し、１＋１＝２以上のものになることです。

そんな特徴を利用した「ブレンドフラワーウォーター」をご紹介します。

香りや効能をブレンドできるということを知ると、肌のコンディションや気分に合わせ、お気に入りの花を自在に組み合わせて、楽しめます。作り方としては、

１、それぞれのフラワーウォーターを別々に作って、好きな割合でブレンドする方法

２、精製水と合わせる前から精油の種類（と分量を少々）を増やす方法

があり、２の場合、香りの強さと保湿力が増し、その他の作用も強めになりますので、試した上でお好みの方法をどうぞ。

ラベンダー・ローズウォーター

さわやかさと柔らかな甘さがいっしょになった上品な香りです。時間や季節を選ばずいつでも使えます。ラベンダーは、ノーマル肌、脂性肌との相性が特にいい精油です。ですから、かなりの乾燥肌だけれど、「ラベンダーの香りが大好き」という方なら、乾燥肌にぴったりのローズとブレンドすると、使い心地がぐっとよくなることが多いのです。

ラベンダーは、気持ちをリラックスさせてくれることから、夜、眠りに入る前に使うとよいと思われることが多いのですが、決して「使うと眠くなる」といった作用があるわけではありません。心の曇りをすっきりと払ってくれるような香りは、朝にもとても心地よいものです。ローズと組み合わせることで、香りに潤いのある柔らかなふくらみが出ます。

一日の仕事前に緊張があったり、なんだか気乗りがしない、といったとき、前向きで穏やかな気持ちにすっとリセットしてくれます。化粧水として人気の組み合わせですが、このブレンドは、アフターシェーブとしても、好まれることが多いようです。

レシピ 12

ラベンダー・ローズウォーター

作り方1　①ラベンダーウォーターとローズウォーターを別々に作る(234、235ページ参照)
②1対1の分量でブレンドする（好みで1対2、2対1、1対3、3対1などブレンドの割合を変えてみるとよい）

作り方2　材 料　精製水………100ml
ラベンダーの精油……3滴　　ローズの精油……1滴
植物性グリセリン……小さじ4分の1〜2分の1

①ふたつきの容器にグリセリンを入れ、その上にのるように分量の精油をたらし、容器を左右に振り混ぜる
(グリセリンと精油が一様になじむように)
②精製水を加え、容器にふたをして、上下に強く、何度も振り混ぜる
③好みの化粧びんに移して保存する

ラベンダー・オレンジフラワーウォーター

お気に入りであれば、時を選ばず一年中使うことができますが、特に朝の洗顔や蒸し暑い夏にはおすすめのさわやかな香りです。清々《すがすが》しいラベンダーにローズを組み合わせると、香りに甘く柔らかなふくらみが出ますが、オレンジフラワー（ネロリ）を合わせれば、奥行きと幅が出て、さわやかさが増していくという感じでしょうか。

このブレンドは、乾燥肌の方も問題なく使うことができますが、皮脂の分泌がやや過剰で、顔がテカリ気味といった場合にも、皮脂腺の調子を整える効果が高いようですので、脂性肌やノーマル肌の方の暑い季節には特におすすめです。にきび性の方にも向くようです。冷蔵庫で冷やしておくと、夏のお風呂上がりなど、この上ない心地よさを味わうことができます。

このふたつの花の香りは、オーデコロンには必ずといっていいほど使われますから、どなたにも親しみのあるブレンドかもしれません。合成でなく、ほんとうの精油を使った自家製ローションなら、スキンケアもしっかりできます。心ゆくまで豊かな香りをお楽しみください。

レシピ 13

ラベンダー・オレンジフラワーウォーター

作り方1 ①ラベンダーウォーターとオレンジフラワーウォーターを別々に作る(234、236ページ参照)
②1対1の分量でブレンドする（好みで1対2、2対1、1対3、3対1などブレンドの割合を変えてみるとよい）

作り方2 材 料　精製水………100ml
ラベンダーの精油……3滴　ネロリの精油……1滴
植物性グリセリン……小さじ4分の1〜2分の1

①ふたつきの容器にグリセリンを入れ、その上にのるように分量の精油をたらし、容器を左右に振り混ぜる
（グリセリンと精油が一様になじむように）
②精製水を加え、容器にふたをして、上下に強く、何度も振り混ぜる
③好みの化粧びんに移して保存する

ラベンダー・カモミールウォーター

疲れてからだの調子をくずし、肌のトラブルが出たというときには重宝なブレンドです。

また、抗菌、抗炎症効果が大きいとされるハーブを組み合わせているためか、敏感肌、化膿《かのう》するようなひどいにきび、あせも、ひどい乾燥によるひびわれなどのトラブル肌にも相性がいいことが多いようです。乾燥肌、脂性肌、ノーマル肌のタイプを問わず使えます。

カモミールは単体で使うより、ラベンダーとブレンドしたほうが、青りんごのような甘い香りが引き立ちます。その香りには気持ちを穏やかに鎮める効果があることから、ラベンダーと同じように、夜寝る前に使うとより効果的とされることが多いようです。疲労や肌のトラブルが、ストレスや不安などと結びついている場合には特に、気持ちの休まる香りをまとってゆっくりと睡眠を取ることが、状況を好転させることもあるでしょう。

お好きであれば、カモミールのハーブティーに、安眠効果があるとされるはちみつを加えて飲むことなどを組み合わせ、からだも心も休ませましょう。

レシピ 14

ラベンダー・カモミールウォーター

作り方1
①ラベンダーウォーターとカモミールウォーターを別々に作る
(234、237ページ参照)
②1対1の分量でブレンドする（好みで1対2、2対1、1対3、3対1などブレンドの割合を変えてみるとよい）

作り方2
材料　精製水………100ml　ラベンダーの精油……3滴
ジャーマン・カモミールの精油……1滴
植物性グリセリン……小さじ4分の1～2分の1

①ふたつきの容器にグリセリンを入れ、その上にのるように分量の精油をたらし、容器を左右に振り混ぜる
(グリセリンと精油が一様になじむように)
②精製水を加え、容器にふたをして、上下に強く、何度も振り混ぜる
③好みの化粧びんに移して保存する

オレンジフラワー・ローズウォーター

古くから化粧水や香水の主役だった、ふたつの花の香りのブレンド。心底満ち足りた気持ちにさせてくれます。何かで情けない気持ちになったり、つまらないことと思いながらも気がかりがあったりして、せつない気分になりそうなら、そのときこそ、この化粧水の出番です。

オレンジの白い花の初々しさとバラの高貴な優雅さが、心の曇りをすーっと払ってくれます。乾燥肌、敏感肌、年齢肌に特に相性がいいようです。オレンジの花の香りにも、バラの香りにも、ホルモン分泌や自律神経の働きを調整する効果がありますので、そんな乱れが原因で気持ちに波がある場合には、年齢を問わず気分を落ち着かせてくれるようです。

おもしろいことに、このブレンドにラベンダーを組み合わせると（ラベンダーウォーター1対オレンジフラワーウォーター1対ローズウォーター1）、とたんに男性にもすばらしく好まれるローションになります。波だった気分を落ち着かせる必要があるときの、アフターシェーブやヘアローションなどとしておすすめです。

レシピ 15

オレンジフラワー・ローズウォーター

作り方1 ①オレンジフラワーウォーターとローズウォーターを別々に作る(236、235ページ参照)
②1対1の分量でブレンドする（好みで1対2、2対1、1対3、3対1などブレンドの割合を変えてみるとよい）

作り方2 材 料　精製水………250ml　ローズの精油……2滴
ネロリの精油……1滴　（または好みや場合によって、ローズ精油……1滴、ネロリ精油……2滴にしてもよい）
植物性グリセリン……小さじ4分の1～2分の1

①ふたつきの容器にグリセリンを入れ、その上にのるように分量の精油をたらし、容器を左右に振り混ぜる（グリセリンと精油が一様になじむように）
②精製水を加え、容器にふたをして、上下に強く、何度も振り混ぜる
③好みの化粧びんに移して保存する

「フラワーウォーター」の本来の製法を知る

「フラワーウォーター」と呼ばれる「芳香蒸留水」は、もともとは、精油を作るときの副産物だということを第4章でご紹介しました。

その工場での基本的な工程は、とてもシンプルながら興味深いものですので、簡単にご説明しておきましょう（自分が毎日使うものが、どのように作られたものかを知るのは安心でもありますし、普段の何気ない生活で、応用をきかせて楽しむヒントが得られることもあります）。

ラベンダーやローズなどの精油を作る、最も一般的な方法は、「水蒸気蒸留法」といいますが、簡単に言うとこんなふうです。

まず、花びらを大量に集め、水といっしょに釜に入れて熱します（つまり、ハーブティーをたくさん作る要領ですね）。

そのとき立ちのぼる「湯気」の中には、花びらに含まれているよい香りの成分、つまり精油が溶け込んでいます。1杯のハーブティーをカップに入れたとき（緑茶を入れたときでも同じことですが）、湯気といっしょにそのハーブの香りが立ちのぼるのは、その湯気の中にハーブの精油成分が含まれていて、それが空気中に広がって、鼻腔《びこう》を刺激するからなのです。

精油工場で大きな釜を使って精油を採るときには、釜に湯気が通る管をつないで、その熱い香りの湯気が空気中に逃げてしまわないように閉じ込めます。

茶さじ数杯のハーブにカップ1杯の湯で入れたハーブティーぐらいでは、湯気に含まれている精油成分はほんの少しで、あっという間に空気中に逃げてしまいます。

その1杯を飲み干す間、私たちを楽しませてくれる、ごく微量の香り高いお茶の精油成分を分けて取り出すということは、とても無理。

でも工場で数百キログラム、数トン単位の花びらを使って大量に熱すれば、その湯気全体に溶け込む精油も数百グラム、数キロという単位になってきます。

そして、湯気が閉じ込められている管を冷やすと、中の水蒸気が冷却されて水となり、湯気の中に溶け込んでいた精油を水分と分離させた形でまとめて取り出せるというわけです。

さて、取り出されたものは精油として出荷されますが、このとき精油と分けられた水分には、完全には分離しきれなかった微量の芳香成分がまだ溶け込んでいます。これが、「芳香蒸留水」と呼ばれるものなのです。

ドライハーブを使った「フラワーウォーター」4種

ここでご紹介する化粧水は、精油を使わず、4種類の花（ラベンダー、ローズ、オレンジフラワー、ジャーマン・カモミール）のドライハーブを使ったもの。本来の「芳香蒸留水」の作り方の原理を家で簡単に再現したものです。

精油を使った化粧水と違って、常温では長持ちしないので、冷蔵庫に保存しなければなりませんが、とても柔らかな使い心地の化粧水になります。

白ワインをローションに使うというのは昔ながらのやり方で、保湿剤としてはたらき、とても肌をしっとりとさせてくれます。

ふたつきの鍋でハーブと少々の白ワイン、水を沸騰させ、立ちのぼる湯気をふたで閉じ込めてから火を止め、そのまま常温になるまで冷まします。

鍋が冷めたら、そっとふたを持ち上げて、内側についている水滴を落とさないように集めます。ふたの面積にもよりますが、1回か2回分の化粧水に十分な量の水滴が取れます。

このふたについた水滴こそ、その製法から言っても、正真正銘の「芳香蒸留水」としてできあがった「フラワーウォーター」です。

とてもマイルドで、甘くやさしい花の香り。

すばらしい使い心地のできたてローションです。ぜひ洗顔後の化粧水として、この水滴は無駄にせず、鍋のふたから直接手のひらに受けてお使いください（私はたいてい、前の晩寝る前に仕掛けておいて、朝の洗顔時に使うか、昼間に作っておいて夜の洗顔時に使うようにしています）。

使えるのは、ふたについた水滴だけではありません。

鍋の中にできあがったたっぷりのハーブティーも（製法からいうと「芳香蒸留水」ではありませんが）、上質の化粧水として使えます。

精油を使ったものとは違って、1日以上常温で保存することはできず、冷蔵庫に入れても1週間で使いきらなくてはなりませんので、便利さを考えると普段はどうしても、第5章でご紹介した精油から作った化粧水を作り置きして使うことが多くなります。

でも、それをずっと使い続けたのち、ふと、この素朴なドライハーブで作った化粧水を使うと、その味わいの別種のよさにうたれることがあります。

化粧水が必要になるたびに、このやり方で鍋のふたにできたての芳香蒸留水を集めることも実際的でないので、私にとってもたまの楽しみという感じですが、その貴重な水滴の使い心地のやさしさ、すばらしさは、蒸気に芳香を溶け込ませるというこのやり方ならではのものです。

ドライハーブの場合、からだへの働きかけ方は、精油よりはるかに穏やかなものとなりますが、花の種類による効用の違いは、精油の場合に準じます。

どの花が何によいのかということは、第4章のそれぞれの花の精油の説明を参考になさってください。

レシピ 16

ドライハーブと白ワインのローション

材　料　水……500ml
ドライハーブ……小さじ2杯
(ラベンダー、ローズ、オレンジフラワー、ジャーマン・カモミールから好みのもの1種を選ぶ)
白ワイン……25ml

作り方　①ふたつきの鍋に500mlの水を入れ、沸騰させる
②水が沸騰したら弱火にして、分量のドライハーブと白ワインを入れ、そのまま30秒ほど火にかける
③ふたをして、すぐに火を止め、そのまま常温になるまで冷ます
④常温になったら、鍋のふたを揺らさないようにそっとあけて、ふたの内側についているしずく（芳香蒸留水）を落とさないように集める（1回分の化粧水として使える）
⑤鍋の中身は、ガーゼやコーヒーフィルターなどを使って濾しとり、化粧びんや密閉容器に移して、冷蔵庫で保存する。化粧水としては1週間で使いきる（ただし、使いきれない分は、冷凍庫でアイスキューブにしておけば、少しずつ解凍して使える。その場合は1ヵ月で使いきる）

美容オイル

「美容ブレンドオイル」作りのコツ

いろいろなオイルをブレンドすることで、自分にとって必要な皮脂成分を組み合わせて、同時に取り入れることができます。ただ混ぜるだけというシンプルさで、各オイルのすばらしいエッセンスを取り込んだ高性能の美容オイルのできあがりです。

また、オプションで花の精油を加えてさらに効能をプラスし、うっとりするような花の香りを楽しむこともできます。美容オイルの前に使う化粧水と花の香りをコーディネートすれば、効果もさらに高まります。

私は、美容オイルの1回のできあがりの分量を、基本的に10ミリリットル以上最大20ミリリットルにしています。

実は、オイルにローズ、ネロリ、カモミールの精油を加えるときの、安心な濃度の目安は、10ミリリットルのベースオイルに対して1滴ほどであるため、10ミリリットル未満の分量で作るのは簡単ではありません（ただし、できあがったものを半分に分けて、容量5ミリリットルの容量の精油びんに入れて持ち歩くことはあります）。

それから、最大20ミリリットルにしているのにも理由があります。

それは、すばらしい効能があるけれど、傷みやすくてデリケートなオイル（ククイナッツ油、ローズヒップ油、月見草油など）は、開封後は冷蔵庫で保存しなければならないからです。

ただし、2ヵ月くらいは常温でも問題なく置いておけるため、美容オイルとして取り分けた分を1日2回使うとして、私の場合、20ミリリットルがちょうど1ヵ月半〜2ヵ月ぐらいは持つ分量ということなのです。

それ以上の分量を作ってしまうと、オイルの傷みを心配しなくてはならなくなるというわけです。

また、美容オイルのブレンドには、料理用計量スプーン（362ページ）の小さじを使うと便利です。

計量スプーンの小さじ1杯は5ミリリットルです。これに1杯、2杯、3杯とオイルを足していって、全部で4杯になると、20ミリリットル。

このやり方が便利で簡単ですので、基本的にはオイルのブレンドは、5ミリリットル単位で考えることにしています（2・5ミリリットルという小さじ半分の大きさのスプーンがついている計量スプーンのセットをお持ちであれば、もちろんさらに細かくブレンドし分けることも可能です)。

ブレンドオイルを作るのはとても簡単ですし、自分や家族にとって、すてきに効き目のあるオイルができると、「こうなるように」とねらって作った場合でも、偶然の驚きでも、ほんとうにうれしくて楽しいものです。

でも、初めて2種類のオイルを選んで混ぜてみよう、と思ったときには、まずは1種類ずつ、自分の肌との相性や使い心地を個別に試してからがおすすめです。最初からオイルをブレンドしてしまうと、いったいどのオイルとの相性が実際によかったのかが、わからなくなってしまいますから……。

ご自分で好きな美容オイルの調合をする基本的な方法をご紹介したあとで、レシピ18からは、これまで私が試してきた中で、長年愛用のレシピとなったものや、家族や友人たちに特に人気があったものをいくつかご紹介したいと思います。

ああ、こんなふうに組み合わせていけばいいのだな、という参考例になさってください。

もちろんそのままで試してみて、気に入っていただければ、それも何よりです。

レシピ 17

基本の「美容ブレンドオイル」の作り方

材　料　好みのオイル2〜4種類（合わせて10〜20ml）

オプション	好みの花の精油を選んでできあがり 美容オイルの量が…………………	10ml	15ml	20ml
	ラベンダーの場合	2〜3滴	3〜4滴	4〜6滴
	ローズ、ネロリ、カモミールの場合	1滴	1〜2滴	2滴

1滴ずつ出せる美容オイル用化粧びん、またはドロッパー付き精油びん

作り方　①びんの中に、好みのオイルを好みの配合で入れる
②オプションで精油を加え、びんにふたをして、よく振り混ぜる

アボカドとラベンダーの美容オイル

小さい子どもにも安心とされるスキンオイル

ナッツ系のオイルは、ずっと昔から使われていて、スキンケア効果の高いものが多いのですが、アレルギーのある人も意外と多いのです。

その点、アボカドの果肉を搾ったアボカド油は、数あるオイルの中でも、アレルギーを引き起こす可能性がずばぬけて低く、その意味では一番安全だということで、北米ではベビー用として、そのまま使うのに、とても人気の高いオイルです。

ラベンダーの精油には、虫さされやすり傷、切り傷、やけどなど、さまざまな家庭薬的なスキンケアの効能もありますので、組み合わせると、小さな子どもからお年寄りまで、安心して普段に使えるスキンオイルになります。

アボカド油にはオレイン酸による豊かな保湿力や、わずかながら、パルミトレイン酸による荒れ肌の調整力もありますから、お風呂上がりのひじやかかとのケアをするボディオイルなどとしてもおすすめです。

肌に合いさえすれば、圧搾法で作られた、高品質の食用のアボカド油を使っても問題ありません。

スキンケア効果を求める美容オイルの素材としては、葉緑素や各種ビタミン、ステロールなどを豊富に含んだ、緑色のオイルを第一におすすめしますが、やや薬草っぽい香りがしますので、精油のデリケートな香りを、より楽しみたいということでしたら、透明のアボカド油をお使いになるのもいいでしょう。

肌専用のものは、アロマテラピーのお店でマッサージオイルの材料などとして手に入ります。

食用のものより精製度が高く、さらっとしていて、肌になじむので、こちらを好む方もいます。できあがりを冷暗所に置けば、6ヵ月は問題なく持ちます。

レシピ18

アボカドとラベンダーの美容オイル

材　料	アボカド油……10ml ラベンダーの精油……2滴、または3滴
作り方	①びんの中にオイルを入れて精油を加え、ふたをし、振ってよく混ぜ合わせる

アボカドとカモミールの美容オイル
アレルギー性の敏感肌向き

アレルギーを引き起こすリスクのとても低いアボカド油と、抗アレルギーの効用を持つとされるジャーマン・カモミールの精油を組み合わせた美容オイルです。

「アボカドとラベンダーの美容オイル」の、「香り違い」でもあります。

同じオイルでも、精油を替えるだけで、効能と使い心地を微妙に調整できるということがおわかりいただけると思います。

葉緑素を含んだ緑のアボカド油自体に、ややグリーンっぽい香りがありますが、それにカモミールが合わさると、ちょっと薬用オイルのような雰囲気の香りになります。

傷がある場合のスキンケアにも向いていますので、小さいお子さんのあせもケア、おむつかぶれなどにも人気があります。

そんな場合は、ケアしたい場所に、レシピ1のラベンダーウォーターか、レシピ4のカモミールウォーターを取り、この美容オイルを1、2滴落としてさっと混ぜ合わせてから、ぬりのばしてください。

　敏感肌でカモミールが合う方なら、化粧水も「カモミールウォーター」にして、この美容オイルと組み合わせると、とても調子がいいことが多いようです。

　これは、敏感肌向きのレシピですので、アレルギー対策として念には念を入れ、アボカド油は、精製度の高いアロマテラピー用を、まずお使いになるのをおすすめします。

レシピ 19

アボカドとカモミールの美容オイル

材　料　アボカド油……10ml
ジャーマン・カモミールの精油……1滴

作り方　①びんの中にオイルを入れて精油を加え、ふたをし、振ってよく混ぜ合わせる

古代ギリシャ風ローズの美容オイル

美容オイルの古典

これは、スイートアーモンド油とローズの精油を贅沢《ぜいたく》に使った美容オイルです。

地中海地方は古来アーモンドの産地であったことから、スイートアーモンド油は、貴重な治療薬や美容オイルとして使われてきました。

保湿力はたっぷりですが、バランスよく含まれたリノール酸の効果で、オリーブオイルよりも軽い使用感で、のびがよいのも特徴です。

今でも美容クリームやマッサージオイルなどのベースとして、大変人気があります。

アーモンドがバラ科の植物であることと関係があるのか、スイートアーモンド油とローズの精油との相性は抜群です。

アーモンドとバラは、古代ギリシャからの黄金の組み合わせなのです。

美容ばかりでなく、美食の分野でも、アーモンドとバラを組み合わせる料理やお菓子、カクテルなどは、間違いなく優雅な香りと風味を約束してくれます。

生のアーモンドをさっとゆでて皮をむき、すりつぶして白いミルクを搾りとって作る「ブランマンジェ」というお菓子など、天然の食用ローズウォーターで香りをつけると、シンプルながら洗練の極みで、どんな高貴なデザートワインとでも渡りあえるほどです。

話をスキンケアに戻しますと、この美容オイルを、はちみつと合わせてフェイシャルパックにするのもすてきです。

310ページで美容オイルと組み合わせた、はちみつのフェイシャルパックの仕方をご紹介していますので、そちらもぜひ、お試しください。

レシピ 20

古代ギリシャ風ローズの美容オイル

材　料　スイートアーモンド油……10ml
ローズの精油……1滴

作り方　①びんの中にオイルを入れて精油を加え、ふたをし、振ってよく混ぜ合わせる

アーユルヴェーダ風ローズの美容オイル

古代インドの美容素材

「アーユルヴェーダ」は、3000年ほど前からインドに伝わってきた、「健康の法則」という意味の医療と美容の実践方法です。

ごま油は、その伝統の中で効能を認められ、重要な素材となってきたオイルで、薬用オイルやマッサージオイルのベースとして、よく使われます。

アーユルヴェーダ医学で使われるごま油は、生のごまを炒らずに搾った、無色透明のオイルで、日本でも「太白《たいはく》ごま油」として手に入ります。

ごま油に含まれるセサミン、セサモリン、セサモールは、紫外線を吸収するとされ、手作りサンケアクリームやサンケアオイルの材料としてもよく使われます。市販の紫外線吸収剤、紫外線散乱剤を使った日焼け止めクリームの代わりとして使うほどの強力なパワーはありません。

けれども、陽射しの強いインドで昔から美容オイルとして使われてきただけあって、昼間の外出の前に化粧下地として、太白ごま油を使った美容オイルやクリームを使うのには、一定の効果があるようです。

　ローズの精油は古代ギリシャ、ローマだけでなく、アーユルヴェーダの中でも重用されてきました。ですから、このごまとバラとの組み合わせは、インド美容医学の「いいとこどり」とも言えます。美容オイル、マッサージオイルとして使えます。

　食用の太白ごま油をスキンケア用に使うことになりますので、念のため、使用前にパッチテストで自分との相性をしっかり確かめましょう。圧搾法の高品質なものを選んでください。外用専用のものとしては、薬局で「局方ゴマ油」を取り寄せてもらいましょう。

レシピ21

アーユルヴェーダ風ローズの美容オイル

材　料　太白ごま油……10ml
　　　　ローズの精油……1滴

作り方　①びんの中にオイルを入れて精油を加え、ふたをし、振ってよく混ぜ合わせる

野バラの美容オイル

敏感肌の不調に

さて、バラのお話の続きとしてもうひとつ、すばらしい効能を持った美容オイルをご紹介したいと思います。

「ローズヒップ油」は、野バラ（ドッグローズ）の赤い実（ローズヒップ）を搾ってとれたオイルです。

ローズヒップは「ビタミンCの爆弾」と呼ばれ、新鮮な野菜や果物が手に入りにくい北国の人々の健康の守護神でした。そのオイルはヨーロッパ、特に北欧では、やけどや切り傷などの治療薬として昔から使われています。

必須脂肪酸であるリノール酸とα《アルファ》-リノレン酸を多く含むことで、皮膚機能の強力な調整作用があるのが、その効き目の大きな理由ではないかと考えられるようになってきています。

ご紹介するレシピでは、肌の保護効果を加える意味で、ローズヒップ油2に対してホホバオイル1の割合で合わせました。効果や使用感（肌へのなじみ方）などの好みによって、逆に1

対2になさっても、また、ローズヒップ油単体で使われてもかまいません。

ローズヒップ油は大変傷みやすいオイルですので、材料として取っておくびんは、冷蔵庫での保存が必要になります。

美容オイルとして作るこのレシピでは、化粧びんに入れて常温に置いても傷む心配なく2ヵ月ほどは持つように、抗酸化作用の高いローズの精油を少し多めに配合しました。

野バラのオイルにバラの香り。優雅なスキンケアタイムをお楽しみください。

レシピ 22

野バラの美容オイル

材　料　ローズヒップ油……10ml　　ホホバオイル……5ml
ローズの精油……2滴

作り方　①びんの中にオイルを入れて精油を加え、ふたをし、振ってよく混ぜ合わせる

ネロリとマカデミアナッツの美容オイル

「若返り」のオイルと精油の組み合わせ

パルミトレイン酸は、30歳以上になると分泌量がぐっと減るので、「肌の老化にかかわる」と言われます。

その成分を豊富に含む「マカデミアナッツ油」を手に取ったら、「しわ対策の精油」と昔から名高いオレンジの花の香りのネロリを組み合わせたくなるのは、ほとんど自然の衝動ではないでしょうか。

「とにかく強力なアンチエイジングの美容オイルをちょうだい！」という友人の注文により調合したレシピです。

いついつまでも若々しくありたいという願いをやさしく受け止めて、将来への不安な気持ちを解き放ってくれるようなオレンジの花の香りのさわやかさ。その香気に包まれると、清楚《せいそ》な白い花のような初々しい気持ちが蘇り、自然と顔がほころんでくるのです。

ですから友人たちの間では、「困ったときのネロリ頼み」が、笑いとともにこぼれ出る合言葉となっています。

このレシピは、マカデミアナッツ油単体となっていますが、私はホホバオイルと組み合わせたものを使うこともよくあります。

マカデミアナッツ油は、オリーブオイルよりも心持ち軽めの使用感ですが、単品で使ってみて、それよりもさらに軽めが好きという方であれば、ホホバオイルを組み合わせるやり方もぜひ試してみてください。

レシピ23

ネロリとマカデミアナッツの美容オイル

材　料　マカデミアナッツ油……15ml
ネロリの精油……2滴

作り方　①びんの中にオイルを入れて精油を加え、ふたをし、振ってよく混ぜ合わせる

ハワイ島の美容オイル

紫外線による肌の不調に、また普段のスキンケアオイルとして

「ククイナッツ油」は、スキンケアオイルとして、何年も個人的に欠かせないものとなっています。

もしこれが手に入らなくなったら、それはそれでほかにもたくさんよいオイルはありますから何とかなるでしょうとは思いますが、それでも「ああ、ククイナッツが恋しいな」と思い続けるに違いありません。

ハワイで伝統的にサンオイルややけどの治療薬、ベビーオイルとして使われてきたものです。私の肌は太陽光アレルギーなので、特に相性がいいと感じるのかもしれません。

軽いつけ心地で、さらりと肌になじみ、肌荒れや日焼けのケアに欠かせません。また、それ以上に、肌の調子を強力に整えてくれるので、この美容オイルを普段のスキンケアに使っていることで、紫外線ダメージの予防になっている、という実感があるのです。

必須脂肪酸のリノール酸、α-リノレン酸を豊富に含み、ひどい乾燥肌やアレルギー性の湿

疹、にきびのケアにもよいとされています。

皮膚の細胞修復を助けるパルミトレイン酸を含む「マカデミアナッツ油」もハワイの名産です。このレシピは陽射しや潮風の強いハワイならではの美容オイルと言えるでしょう。

ホホバオイルも、強い陽射しから肌を保護するほか、肌の表面をつややかにし、美容オイルの使い心地をのびのいいものにしてくれます。

私はこの美容オイルを使うときには香りをつけませんが、お好みの精油と合わせてもどうぞ。

レシピ 24

ハワイ島の美容オイル

材　料　ククイナッツ油……5ml　マカデミアナッツ油……5ml
ホホバオイル……5ml

作り方　①びんの中にオイルを入れてふたをし、振ってよく混ぜ合わせる

はちみつと美容オイルのフェイシャルパック

肌になめらかさを速攻で取り戻したいときの救急レシピ

「何だかお化粧ののりがよくなさそう、でも今からメイクして出かけなくっちゃ」などというときに、速攻で肌に柔らかさを取り戻し、つやを蘇らせるフェイシャルパックです。

ほんの1、2分で肌にみずみずしさとなめらかさが戻ります。

はちみつの糖分からくる保湿は荒れた肌の調子を整えます。やけどや傷の治療薬としても、炎症や潰瘍《かいよう》を手当てするにも、世界中で古くから使われてきました。

古代インドでも、「はちみつを摂りなさい……容姿を端麗にし、頭脳を明晰《めいせき》にし、身体を強壮にするために」と書き残されているそうですが、キッチンでもバスルームでも楽しみを与えてくれて、美容と健康のために使い回しができるという意味では、各種オイルと並ぶほどの大活躍アイテムです。

お気に入りの美容オイルを組み合わせて試してみてください。

前にも言いましたが、私の場合は、基本的に肌の調子を整えるのにはククイナッツ油が助けになることが多いので、この速攻パックをするときも、ククイナッツ油をそのまま5滴、はちみつと合わせて使うことが多くなります。

古典的な「バラ、アーモンド、はちみつ」という組み合わせを楽しむために、「古代ギリシャ風ローズの美容オイル」にしたり、「小じわ対策!」で「ネロリとマカデミアナッツの美容オイル」を使ったり……。

どうかみなさんもそんなふうに、ご自分にとって一番の美容オイルを選んで、ご自由にお試しください。

レシピ25

はちみつと美容オイルのフェイシャルパック

材　料　天然はちみつ……小さじ1杯　好みの美容オイル……5滴

作り方　①はちみつを、コーヒーカップなどの小さな耐熱容器に取る（はちみつの結晶がざらついた状態であれば、溶けるまで湯煎にかけるか、電子レンジでほんの少し温めて柔らかくしてから使う）

②はちみつに美容オイルを5滴たらし、スプーンでよく混ぜ合わせてできあがり

使い方　①洗顔をしたあと、化粧水を使い、すぐに顔にはちみつパックをぬりのばして1、2分置く

②ぬるま湯で洗い落としてから、化粧水と美容オイルで仕上げる

美容クリーム

植物バターの配合率を変えて、クリームの硬さをアレンジ

第4章でもご説明しましたが、シンプルスキンケアで使う美容クリームは、「肌への効能を持つ成分のみ」合わせたもので、市販の多くのクリームのように、「硬さを年間通して一定に保つために必要な化学成分」はまったく使っていません。

そのために、同じレシピで作っても、季節や部屋の温度によって、クリームの柔らかさが微妙に違ってきます。暑いときには柔らかく、寒いときには硬めになるわけです。

そこで、固体のバターと液体オイルの配合の割合を少し変えれば、好みの使い心地に硬さの調節をすることができます。

シアバターやマンゴーバターは常温では固形ですので、その配合が多くなれば、クリームは硬めとなり、しっかりと肌を保護するものになります。

逆に合わせる液体のオイルの配合が多くなれば、できあがりのクリームは柔らかめでのびが

BUTTER
OIL

よく、軽いぬり心地のものになり、各オイルの効能を多く取り込めます。

植物バターにも、各種オイルにも、それぞれの効能がありますから、そのうちのどれをより多く生かしたかで、配合の変化がつけられるわけです。肌のタイプや季節の違い、使用感の好みによって、保湿量や柔らかさを調整してみてください。

ただし、あまり極端な配合では、クリームが固まらなかったり、ほとんどバターだけと効果が変わらなかったりしますので、だいたい次のパターンを参考にバリエーションを考えてみてください。

1 植物バターによる肌の保護の効用を最大に生かしたいときのスタンダードな配合

オイル……………8グラム

植物バター………17グラム

2 1のクリームをこころもち柔らかめに仕上げたいとき

オイル……………9グラム

植物バター………16グラム

3オイルのスキンケアの効用を最大に生かしたいとき、
またはこ冬でもとてものびのよいクリームにしたいときの配合
オイル……………10グラム
植物バター………15グラム

それでは次に、長年愛用のレシピ、これまでに人気の高かったレシピをいくつかご紹介したいと思います。オイルと精油、植物バターの効用を組み合わせることで、いろいろな用途の美容クリームを作り分けられるということがおわかりいただけるでしょう。

アボカドベビークリーム

カリフォルニアやフロリダ、ハワイ、メキシコなど、アボカドがたわわに実る地域では、鷹《おう》揚《よう》に生の実をすりつぶしてフェイシャルパックにしたりしますが、日本ではそうもいきません。アボカドの実には美と健康のための成分がたっぷり詰まっていて、「ミラクルフード」（奇跡の食品）と呼ばれるぐらいですから、おいしく食べて内側からのスキンケアを楽しみましょう。

アボカド油は、北米ではとても人気のあるベビーオイルです。果肉を搾った緑色のオイルは、各種のビタミンやミネラル、葉緑素をバランスよく含み、健康的で栄養価の高いものです。

この美容クリームのなめらかで柔らかな使い心地は、アボカド油が各種ステロール類やオレイン酸を豊富に含むため、保湿力が豊かであることによります。

赤ちゃんにも、小さなお子さんにも、もちろんおとなの美容クリームとしても使えます。

肌をしっかり保護したいときのスタンダードタイプのほかに、のびのよさと軽いつけ心地のライトタイプをご紹介します。

レシピ 26

アボカドベビークリーム

材 料 （スタンダードタイプ）
アボカド油……8g　シアバター……17g

（ライトタイプ）
アボカド油……10g　シアバター……15g

作り方 ①シアバターとアボカド油を注ぎ口のついた小さな耐熱容器に入れて、小鍋で湯煎にかけて溶かし、火からおろす
②美容クリーム用の容器に流し入れ、ふたをする
③常温に冷めたら冷蔵庫に入れて、固まるのを待つ。固まったらすぐに使える。常温で1〜2ヵ月ほど保存できる

スイートアーモンドのローズクリーム

古代ギリシャ風のローズとスイートアーモンドの組み合わせをクリームにしたものです。

本来のギリシャ風は、クリームを固めるのに、「みつろう」というミツバチが分泌するワックスを使いますが、このようにシアバターやマンゴーバターを使うことで、よりなめらかで軽いぬり心地となります。

古代ギリシャのお医者さま方が南方の植物バターを知っていたら、飛びついていたことはまちがいありません。私たちがそれを使えるのは、あとに生まれた者の幸運です。

スイートアーモンド油は、必須脂肪酸のリノール酸を含むので、使い心地はよいのですが、やや傷みやすくなっています。

美容オイルは、びんから1滴1滴振り出して使いますので、中のオイルに手が触れることはありませんが、美容クリームは使うたびに指をつっこむことになりますから、美容オイルよりも早めに1ヵ月以内で使い切りましょう。

レシピ 27

スイートアーモンドのローズクリーム

材 料　スイートアーモンド油……8ｇ
シアバター、（または）マンゴーバター……17ｇ
ローズの精油……2滴

作り方　①シアバター、またはマンゴーバターとスイートアーモンド油を注ぎ口のついた小さな耐熱容器に入れて、小鍋で湯煎にかけて溶かし、火からおろす
②粗熱がとれて、耐熱容器を素手でさわれるほどに温度が下がったら、精油を加え、竹串などでよく混ぜる（オイルが熱すぎると精油がすぐ揮発してしまうので注意）
③美容クリーム用の容器に流し入れ、ふたをする
④常温に冷めたら冷蔵庫に入れて、固まるのを待つ。固まったらすぐに使える。常温で1ヵ月ほど保存できる

エキストラバージンオリーブオイルのハンドクリーム

トルコにオリーブ農場を持つ友人が、伝統的な方法でコールドプレスした極上のエキストラバージンオイルで作ったハンドクリームを分けてくれたことがあります。

それは、甘い香りのみつろうを使ったクリームで、古代から伝わる素朴で美しいレシピを形にしたものでした。これは、みつろうをシアバターに代えたもので、たっぷりとした保湿力のあるシンプルなハンドクリームです。

オリーブオイルのリッチな使い心地は、私の場合はフェイシャルクリームとしては、ちょっぴり重たすぎるのですが、合う人にとっては、とても重宝なもののようです。

顔からボディはもちろん、リップクリーム、ヘアクリームとしても、これだけで大丈夫という人もいて、うらやましいかぎり。

キッチンでハンドクリームとして使うという人が一番多いようです。食材を素手で扱うとき、オリーブオイルがベースになっていると、特に安心な感じがするのかもしれません（でも実際のところは、この本でご紹介しているレシピはひとつ残らず、口に入ってしまっても、安心なものばかりなんですよ)。

ハンドクリームとして手にぬる場合も、ほんのちょっとつけるだけで、十分豊かな保湿力を発揮します。つけすぎるとべたべたした感じになりますのでご注意を。

レシピ27のスイートアーモンドのローズクリームとくらべると、ベースオイルを替えることで、使い心地がどう違ってくるかが体感できます。

レシピ28

エキストラバージンオリーブオイルのハンドクリーム

材　料　エキストラバージンオリーブオイル……8g
シアバター……17g

作り方　①シアバターとオリーブオイルを注ぎ口のついた小さな耐熱容器に入れて、小鍋で湯煎にかけて溶かし、火からおろす
②美容クリーム用の容器に流し入れ、ふたをする
③常温に冷めたら冷蔵庫に入れて、固まるのを待つ。固まったらすぐに使える。常温で6ヵ月ほど保存できる

かかと、ひざ、ひじのケア用ネロリクリーム

どんな年齢の人でも、ふとしたときにのぞくひじやひざ、かかとがつるつるすべすべとしていると、はっとするほど美しく見えます。そのことに気づいてからは、皮膚の弾力を蘇らせるというネロリのパワーを、そちらに借りようという気になりました。

マカデミアナッツ油が含むパルミトレイン酸の細胞再生効果と、ホホバオイルのロウの肌の保護効果をプラスします。シアバターやマンゴーバターは、ぬった部分の血行をよくしてくれますから、植物バターを使ったクリームを足先にまでぬりのばすのは、からだ全体にとっても、とてもいいことなのです。

乾燥してひびわれ寸前だったり、白っぽく粉をふいたりと、かなりまいった表情のかかとでも、化粧水をしみこませ、クリームで保湿をするというたった数分のケアをしてあげるだけで、みるみる若さが蘇ります。

手入れのときに足もとや腕から香るオレンジの花の香りは至福です。

レシピ 29

かかと、ひざ、ひじのケア用ネロリクリーム

材　料　マカデミアナッツ油……4g　　ホホバオイル……4g
シアバター、（または）マンゴーバター……17g
ネロリの精油……2滴

作り方　①シアバター、またはマンゴーバターとマカデミアナッツ油、ホホバオイルを注ぎ口のついた小さな耐熱容器に入れて、小鍋で湯煎にかけて溶かし、火からおろす
②粗熱がとれて、耐熱容器を素手でさわれるほどに温度が下がったら、精油を加え、竹串などでよく混ぜる（オイルが熱すぎると精油がすぐ揮発してしまうので注意）
③美容クリーム用の容器に流し入れ、ふたをする
④常温に冷めたら冷蔵庫に入れて、固まるのを待つ。固まったらすぐに使える。常温で6ヵ月ほど保存できる

シアバターと太白《たいはく》ごま油のラベンダー下地クリーム

第5章でご紹介した「シアバターとホホバオイルのフローラルクリーム」を、お化粧の下地としても使っているという人はずいぶんと多いのです。私もそうですが、ホホバオイルやシアバターという素材そのものに、サンケアの機能が穏やかに含まれているというところに安心感があります。

けれども、「残念ながら、ホホバオイルが肌に合わない」という人がいました。「ぬり心地はよくて好きなのだけど、どうしてもあとで軽い湿疹とかゆみが出ちゃう」というのです。アレルギーというのは、天然の素材であるか合成の素材であるかに関係なく出るものです。ですから、「合わない」となると大多数の人にとってはとてもいい素材でも、自分はあきらめるしかありません。

「じゃあ、シアバターをそのまま使ってみたら？　シアバターそのものにサンケアの効用があるわけなのだから」とすすめたのですが、「でも、やっぱりもっとのびのいいクリームが欲しい」とのことで、たどりついたのがこのクリームです。幸い彼女の場合、太白ごま油は問題なく肌に合い、ことなきを得ました。

太白ごま油は、オリーブオイルやスイートアーモンド油などにくらべても、オレイン酸が少なめで、さらりとしたつけ心地です。ですからのびはばっちり。

ただ、美容クリームとして使う場合は、容器の中にしょっちゅう指を突っ込むことになるので、リノール酸の多い太白ごま油は特に夏場などに傷みやすくなります。

中身に手を触れない美容オイルの場合とちがい、太白ごま油のクリームは冷蔵庫での保存がおすすめです。

それから食用油を自主判断で化粧用として使うことになりますので、肌との相性は使う前にパッチテストでよく確かめましょう。

薬局で外用の「局方ゴマ油」を手に入れることもできますが、この場合も、肌との相性確認はお忘れなく。

レシピ 30

シアバターと太白ごま油のラベンダー下地クリーム

材　料　太白ごま油……8g　シアバター……17g
ラベンダーの精油……5滴

作り方　①シアバターと太白ごま油を注ぎ口のついた小さな耐熱容器に入れて、小鍋で湯煎にかけて溶かし、火からおろす
②粗熱がとれて、耐熱容器を素手でさわれるほどに温度が下がったら、精油を加え、竹串などでよく混ぜ（オイルが熱すぎると精油がすぐ揮発してしまうので注意）
③美容クリーム用の容器に流し入れ、ふたをする
④常温に冷めたら冷蔵庫に入れて、固まるのを待つ。固まったらすぐに使える。できあがったクリームは冷蔵庫で保存する

夜のトリートメントクリーム

「疲れや寝不足で肌の調子がどうもよくない」というようなとき（つまり体力や免疫力が少し落ち気味で、それが肌の不調の原因かも、というような自覚が少しある場合）、単なる保湿ケアだけでは、状態がなかなか好転しないことがあります。

そんなときにずいぶん助けになってくれることがあるのが、ククイナッツ油、月見草油、ローズヒップ油などの、リノレン酸を含む、ちょっと特殊な機能を持つオイルたちです。

α‐リノレン酸やγ‐リノレン酸の不足を補うことで、皮膚の調整力を助けてくれます。

眠っている間こそ、肌の新しい細胞組織が活発に再生する時間帯。

ですから、一日が終わって、疲れたからだや肌を休める間に、そんなオイルたちの助けを借りて、朝の回復を待とう、というのが、このナイトクリームのねらいです。

夜のお休み前の洗顔のあと、同じオイルを美容オイルとして選んでぬりのばし、さらにこのクリームを重ねぬりします。保湿をたっぷり施しながら、「効能パック」をして眠るという感じです。

このレシピは無香料となっていますが、美しい花の香りに包まれて、ゆったりと眠りながら、トリートメントの効果をさらに上げようと思うなら、ラベンダー、ローズ、ネロリ、カモミールの中から、お気に入りの香りや効能を選んで、組み合わせたナイトクリームにすることもできます。

その場合は、溶けた植物バターにオイルを合わせたのち、ラベンダーなら5滴、それ以外の精油なら2滴を加えて、混ぜてから容器に流し固めてください。

レシピ31

夜のトリートメントクリーム

材　料　ククイナッツ油、（または）月見草油、
（または）ローズヒップ油……9g
シアバター、（または）マンゴーバター……16g

作り方　①シアバターだけを注ぎ口のついた小さな耐熱容器に入れて、小鍋で湯煎にかけて溶かし、火からおろす
②分量のオイルを、①に加える
③美容クリーム用の容器に流し入れ、ふたをする
④常温に冷めたら冷蔵庫に入れて、固まるのを待つ。固まったらすぐに使える。できあがったクリームは冷蔵庫で保存する

Recipe

さらに詳しく
知りたい人のための……

シンプルスキンケア
Q&A

Q1

スキンケア機能が高いと言われるオイル（オリーブオイルなど）が主成分の石けんを使うと、とても溶け崩れやすいと感じます。それから、そのような石けんで洗顔するとと目にしみることがあるのですが、大丈夫なのでしょうか？

A1

この本の洗顔の章でもご説明しましたが、私が自分で作るようになった石けんは、従来のもののように「ただ汚れを落とすだけ」ではなく、「スキンケア（保湿、メイクアップなどのクレンジング）機能を併せ持つ」まったく新しいタイプの「石けん」です。

こうした「石けん」は、スキンケア機能を加えたために、従来の石けんとは全然違った使い勝手になります。

この石けんは、全身に使うことができますが、「特に洗髪や浴用などに使うと、とても減りが速く、溶け崩れも激しい」と感じるのには、製法と原料の面から、いくつかの理由があります。

まず、石けんの材料となるオイルと苛性ソーダを反応させると、石けんとグリセリンのミックスができあがります。グリセリンは、もともと天然オイルに含まれている成分です。

製品としての石けんの作り方には、その後2通りあって、その石けんのタネからグリセリンを取り分けて、石けん分だけを固める方法がひとつ（従来、広く普及してきた「浴用化粧石けん」で、溶け崩れないものは、ほとんどこの方法です。取り分けたグリセリンは、化粧品原料などとして別に使われます）。

もうひとつの方法は、石けんとグリセリンがいっしょになったものを、そのまま型に流して固める方法です。

この場合は、石けんといっしょに固めることで、保湿成分でもあり、油溶性、水溶性の汚れを両方きれいに落とす洗浄剤でもあるグリセリンのスキンケア機能を、できあがりに取り入れようというのが目的です。

こちらのほうが、今日、手作り製法の石けんで多く使われる「枠練り《わくね》」と呼ばれるやり方です。

もし、上質のオイルを原料に使って、この製法を取り入れれば、グリセリンの保湿機能と、油汚れをきれいに落とすメイクアップ用品などに対するクレンジング機能を併せ持った、高性能の「スキンケア用石けん」ができます。

ただし、グリセリンは固形ではなく、とろりとした透明の液体で、空気中の水分をどんどん引きつける性質がありますから、水分に溶けやすいため使用中の減りも速く、お風呂場など、湿気の多い場所に置いておくと、とろりと柔らかくなってしまうこともあるのです。

ヤシ油やパーム油などのように、スキンケア機能を特に持たない、常温で固形の油脂を材料にしている場合は、枠練りにしたとしても、硬めにできあがります（石けんメーカーでも昔から、一部の台所用石けんなどは、このやり方で作られています）。

けれども、スキンケア機能が高いオリーブオイルなど、常温で液状のオイルを7割以上も含むような石けん（伝統の配合を今でも守っているタイプのマルセイユ石けんなどはこれに当たります）を、この「枠練り」製法で作ると、溶け崩れやすさに拍車がかかることになります（ただし、オリーブオイルをたくさん含んだ石けんでも、保湿成分のグリセリンを取り除いた製法で作られている場合は、溶けにくくなるわけです）。

要するに、石けんが柔らかくなる理由は、
1、保湿成分のグリセリンを取り除かない
2、スキンケア機能の高い液状オイルをメインに配合する
ということ。

それに加えてさらに、
3、過脂肪
という手法を取ると、「石けん」のスキンケア効果はもう一段階高まり、それに比例して、溶けやすさも、よりアップしてきます。

その過脂肪とはどういう手法かと言いますと、たとえば以前、『お風呂の愉《たの》しみ』でご紹介した「マルセイユ石けん」のレシピなどでは、せっかく

スキンケア効果の高いオイルを使うことから、オイルを100%反応させて石けんにしてしまわないようにしています。苛性ソーダの量を減らすことによって、原料オイルのうちの10%から15%を保湿成分として、そのままできあがりの石けんの中に残すというものです。

このことにより、良質のスキンケアオイルの性質を取り入れた機能はさらにアップしますが、その代わり、液状オイルが変化しながらできあがりの石けんに溶け込んでいることで、柔らかさも、もう一段階アップするということになります。

ちなみに従来の、過脂肪石けんは、石けん工場でも作られてきたのですが、そのやり方は少し違っています。

それは、スキンケア機能を持つわけではない固形油脂を主原料にし、まず、けん化率（原料のオイルを石けんにする割合のことです）100%の石けんのタネを作り、そこにスキンケア機能を持ったオイルをほんの数%加えるという方法でした。というわけで、スキンケア機能を併せ持った

「石けん」は、通常の石けんにくらべて、とても溶けやすいということは確かですので、お使いになる場合は、使用後はよく水を切り、使ったら湿気の多いお風呂場から出すなどして、浴室の外で石けん皿に立てて置くといった使い方がおすすめです。

洗顔に使う場合は、浴室に置きっぱなしにするわけではないので、溶け崩れや減りもあまり目立たないかもしれません。

でも、その場合でも、保湿成分のグリセリンは水分をどんどん引きつけますから、「石けん」が、水のたまった石けん皿につかりっぱなしになったりしないようにしてください。

それから、石けんは、「アルカリ性である」という性質を利用して汚れを落とすものですので、製法や原料に関係なく、本来目にしみるものです。

もし、「無添加の石けん」といわれるものを使ったら、今まで使っていた固形石けんや洗顔料より目にしみる」と思われるとしたら、それまでお使い

になっていたものは、石けんのような形をしていたとしても、化学的には「弱酸性」の「合成界面活性剤」であったということになります。

「弱酸性」の洗浄剤が肌にやさしいという認識が広告によって広まりましたが、皮膚には本来、自然の中和能力が備わっていますし、昔から、皮膚病によいといわれる温泉水の中にアルカリ泉が多いということを考えてみても、洗浄剤が「弱酸性」であることに、そんなに神経質になる必要はないということがおわかりいただけるでしょう。

それより、洗浄剤を弱酸性にするための原料のほうが、肌との相性がよくないので避けているという方も最近は多くいらっしゃるようです。

ただ、そうして石けんを使った場合、石けん水が目に入ってしまったとしたら、それをしみないようにすることは、ほんとうに残念ながらできません！（実際私も、自分で作った石けんが初めて目にしみて感じられたとき、「ああ、子どもの頃は、お風呂でシャンプーしてもらうとき、目にしみていいやがっていたものだった！」と思い出しました）。

でもそれは、決して、肌や目にとってよくないものである証拠などではありませんのでご安心ください。

また、スキンケアの機能を併せ持つタイプの新しい「石けん」の場合は、「弱アルカリ性」で、従来の石けんよりアルカリ度は低いのですが、アルカリ性であることによってだけ汚れを落とすのではないので、けっして洗浄力が劣るわけではありません。

石けん分だけではなく、たっぷり含まれているグリセリンが持つ洗浄力や、「過脂肪」製法による過剰オイルのクレンジングパワーが備わっているのです。

グリセリンもオイルも、洗浄力を持ちながら、同時に保湿成分であるというところがポイント。汚れをしっかりとすみずみまで落としてくれながら、肌に負担をかけず保湿ケアもできます。

でも、洗顔、洗髪のときは、しみないよう、目をつぶってくださいね。

Q2 食用油と化粧用油について、もっと詳しく教えてください。

A2

私たちがお店で手に入れることのできる油は「食用」の扱いのものもあれば、「化粧用」の扱いのものもあります。原料となる植物が同じであっても、製造方法や販売上の製品の分類の仕方で、ラベルの表示が変わってきます。

良質のオイルを選んで食卓とボディケアの両方にまたがって、賢く使い回すのは、とても楽しいことですが、メーカーやお店の表示の垣根を越えて自由な用途で使うには、自分なりの判断にしたがった安全な選択をしなければなりません。

「食用オイルは口に入れても大丈夫なぐらいなのだから、化粧品として使うのも、まったく問題ないのではないか」と思われることがありますが、必ずしもそうとは言えません。

食用オイルの製造の仕方にもいろいろな方法があり、原料をそのまま搾ってオイルを取る「圧搾法」で作られたものは大丈夫だけれど、溶剤を使って抽出する方法では、残留する微量の溶剤が肌の刺激になるという人もいます。圧搾法で作っていても、そのあと「脱色精製」や「脱臭精製」をしているものとしていないもののどちらがいいのかも、人によって違ってきます。

ですから、そうしたややこしいことをクリアするためには、「この食用オイルを美容に使ってみようかな」と思ったら、自分で「ひじの内側に少量をぬってみて、異状がないかどうか半日ほど様子をみる」というパッチテストをして確かめてみるといいでしょう。

前にもお話ししたので、繰り返しになりますが、食用の表示でも、実質的には「化粧品」として出されているものより上質で、スキンケアに使い回しができるオイルも実際はたくさんあります。でもその場合も、法律上、販売するお店の側では「スキンケアにも使えます」という案内をすることは禁じられていますから、電話をかけて「肌に使ってもいいですか?」とたずねても、「大丈夫ですよ」と太鼓判を押してもらうことはできません。

自分の肌に合いさえすれば、化粧用よりお財布にやさしいことが多い食用のオイルをそのままスキンケアに使えれば、それはとてもうれしい選択肢です。実際私も食用オイルをバスオイルや石けん、美容クリームなどの材料として使うことはしょっちゅうです。食用のエキストラバージンオリーブオイルをクレンジングオイルとして使うという方も最近では増えているようですね。けれどもそうした場合はあくまでも、選んで使う側の自己判断と責任であって、それによって仮に不都合があったとしても、メーカーにその責任を問うことはできないということを覚えておきましょう。

逆に「化粧用のオイルのほうが食用オイルより高価なことが多いから、化粧用オイルのほうが高品質で安全なのではないか」と思われることがありますが、これも必ずしもそうではありません。

原料を圧搾しただけのオイルには、油脂成分のほかに、その原料特有のさまざまな微量の成分が含まれています。それが美容と健康のためにとても有益な成分であることも多いのです。

けれども、「化粧品」として販売する場合には、そうした成分がアレルギーの原因となったり、そのほかの刺激を引き起こすこともあり、そのようなリスクを下げるという目的で、食用のものより精製の種類（脱色、脱臭、脱酸など）や検査項目が一般的には多くなっています。それが化粧用オイルの値段が高くなりがちな理由のひとつでもあります。人によっては、それが肌にもちろんいい場合もありますし、逆に精製度を低くして、有効成分を残すようにしたほうが、スキンケア効果の高い場合もあります。

また、化粧用オイルにも、圧搾法も溶剤抽出法もありますから、それも自分に合うオイルかどうかを選ぶポイントではあります。要するに、「化粧用」とされる場合でも、精製の種類や程度も、「自分にとっての安全性」やスキンケア効果も、メーカーの判断と製造方針によってまちまちなのです。ですから、この場合も、パッチテストをして、最終的に自分の肌に合うかどうかは自分で判断するしかないことになります。

でも、考えてみれば、これはオイルを選ぶときだけのことではなく、どんなメーカーが作ったどんな化粧品を選ぶときでも、同じことですね。何を使うにしろ、自分の肌に合うかどうか、自分にとって害にならないかどうかは、結局自分で試して、決断するしかありません。

万人のための絶対的な安全というものはあり得ない以上、どんな場合も、「自分の安心」は自分で手に入れるしかないのかもしれません。

要は、「食用オイルか」「化粧用オイルか」は、基本的に販売分類上の法律的仕分けであって、「消費者個人にとっての個々の商品の品質」ということで考えた場合、一概にどちらがどうと言えないものだということです。

基準はあくまで個々の商品が「自分の使用目的にとってはどうか」を考えながら、一番いい方法を自分で選んでいくしかありません。安全を確かめながら責任を持って、「売り手の分類」を、私たちの「使い手の分類」に組み替えていけばよいということなのです。

Q3

からだにいいオイルといっても、おいしいからといって食べすぎると、太ってしまうのではないかと心配です。健康と美しい肌のためにオイルを食べる場合、量など、どんな点に気をつければいいでしょうか？

A3

オイル（脂肪分）はタンパク質や糖質と並んで、生命維持に欠かせない栄養素で、オイルという形で摂るからこそ取り入れられる大事な成分もあります。

けれども、ここ数十年の間に、人が1日に必要とする量を大幅に上回る脂肪を摂る食習慣が広まってしまったためにカロリー過多となって太りすぎたり、脂肪の質に注意を払わないことでさまざまな病気を抱えたりする人が多くなったのもご存知の通りです。

基本的に健康な人が、それを維持するために必要な脂肪の摂取量は、全カロリーの20％から25％が適当とされていますから、1日の摂取カロリーが仮に2000キロカロリーだとすると、1日に摂るべき脂肪の量の目安は400〜500キロカロリーで、重さにするとほぼ45グラムから55グラムとなります。

けれどもこれは、バターやサラダドレッシング、調味油のように、オイルそのものを単体で摂る場合の脂肪分だけではなく、肉や魚、卵、パンや加工食品などに初めから含まれている脂肪分もすべて合わせての総量です（たとえば、卵1個ですでに5〜6グラムの脂肪を摂ることになりますから、5グラムのバターを使って、卵2個でオムレツをひとつ作って食べれば、それだけで、約15グラム、つまり1日に摂取する脂肪のうち約3分の1を摂ることになるのです。また、市販のポテトチップスなどでしたら、もし100グラム食べれば、それだけで約35グラムの脂肪を摂ることになってしまいます）。

カロリー過多で太ることを避けながら、オイルを上手に摂って健康と美しさをめざすなら、45グラムから55グラムという1日で摂る脂肪分の中身が大切です。からだにとって「単なるカロリー摂取」、または害となってしまう種類の脂肪を極力摂らないようにして、いかに良質で意味のあるものにしていけるかが、鍵だと言えるでしょう。

人の食生活は状況や場合によってさまざまですから、1日に何オイルを何グラム摂ればいいということを、一概に言うことはできません。

けれども、植物油大さじ1杯（15ミリリットル）で約14グラム、大さじ半杯で約7グラム、小さじ1杯で約4〜5グラムの脂肪を摂ることになるといったおおまかな目安をちょっとだけ気にとめておけば、その日、ほかに何を食べたかを考えながら、オイルの量を調節することがしやすくなるのではないでしょうか。

ちなみにわが家では、第3章でご紹介したように、良質のオイルをサラダドレッシングやソースとして、あるいは加熱用調理油として、風味を生かして楽しみながら使うようにしていますが、肉や魚、豆類、乳製品、ナッツ類などの食品自体に含まれる脂肪分のことも考えると、この本でご紹介した種類のオイルをそのままで楽しむ場合、基本的に量の目安は、「1日1人大さじ1杯ぐらい。それを超えなければ大丈夫」とおおまかに考えています。

実際のところ、良質の脂質からなる食用オイルであれば、美と健康のために摂るべき量は、かなり少量で事足ります。

たとえば、野菜サラダを食べる場合、お皿いっぱいの山盛りのサラダに対して、1人当たり小さじ1杯のオイルでも、十分においしいドレッシングとなりますし、必須脂肪酸やビタミンなど、オイルに含まれるからだにいい要素もちゃんと摂れるのです。

また、リノール酸とα-リノレン酸の適切なバランスについては諸説ありますが、目標としては、リノール酸対α-リノレン酸が2対1になれば申し分なく、3対1になるようにめざしていけば、コンディションが向上することは間違いないようです（日本では1980年代以降、平均的に5対1にまでバランスが崩れていて、それがさまざまなからだの不調を生み出しているとのことです。オイルの種類を使い分けることは大きな助けになりますが、全体の食事の中で青魚、海藻、青い野菜、豆などの割合を増やしていくことも、脂肪のバランスを調整することにつながります）。

野菜サラダを少量のオイルでおいしく簡単にいただくこつとしておすすめしたいのは、1人分のサラダ用ボウルかお皿を用意し、そこによく水を切った野菜をたっぷり盛って、オイルを少量（小さじ1杯ほど）ふりかけたら、まずは全体をよくよく混ぜることです（大きめの器の方が混ぜやすいでしょう）。

こうすることで、野菜の表面に最初に薄いオイルの膜を作ってしまい、野菜の内側から、サラダのおいしさや栄養となる成分が流れ出すのを防いでしまうのです（先に塩をかけると、水分やビタミン、ミネラル分が外へ流れ出してしまうわけです）。

また、ここでよく混ぜ合わせれば、オイルの美味な香ばしさ、風味が全体にまんべんなく行き渡ることになります。そのあとで、好みの量の塩やレモン汁、ヴィネガーなどを振りかけて、またよく混ぜ合わせます。

ちょっとしたことですが、こうすることで、サラダのおいしさが全然違ったものになりますので、ぜひ試してみてください。

Q4

エッセンシャルオイル（精油）を使ってみたいと思いますが、自分にとって、どの精油が一番合っているのかをうまく判断できません。どのように選べばいいでしょうか。

また、雑貨屋さんなどで、エッセンシャルオイルを買おうと思って品揃えを見てみると、同じ花の名前がついていても、値段の開きがずいぶんある場合もあり、どれを選んでいいのか迷います。安全なものを選ぶにはどうしたらいいのでしょうか。

A4

アロマテラピーの場合、香りをかいでみて、「好きな香りか」「嫌いな香りか」を判断することが、まずは、自分にとって安全で効果があるかの第一の目安となるというわかりやすさがあります。

「特に好き」と思えれば、それは自分に大変合っている精油である何よりの証拠ですし、効果も期待できます。

また、初めに「いやな香りだ」とさえ思わなければ、「特に好き」というわけでなかった場合でも、使ううちにどんどん好きになっていくということが多いようです。

ですから、まずは使ってみたいなと思う精油の香りをかいでみてください。

精油の場合は、大変濃縮された香りですので、原液の入ったびんのふたをあけて鼻を近づけてかぐと、強すぎてとても受け付けられないと感じてしまうことが多くあります。

鼻から30センチほど離したところにびんを持って、もう一方の手で手前に風を送るようにあおぎながら、空気中に漂う香りで判断するようにしましょう。

それから、雑貨屋さんでは、天然の精油である「エッセンシャルオイル」だけでなく、消臭剤などとして広く使われている化学合成された「フレグランスオイル」をいっしょに扱っている場合もあります。

「フレグランスオイル」は、天然材料から抽出したままの精油でなく、合成香料であるため、値段はうんと安くなります。

けれども、アロマテラピー効果やスキンケア効果を期待することはできないばかりか、肌の刺激となる場合もありますので、この本でご紹介しているようなスキンケアなどの目的で使うことはできません。

雑貨屋さんで購入する場合は、ラベルや商品説明で「フレグランスオイル」と書かれていないかどうか、100%純粋なエッセンシャルオイルかどうかをよく確かめましょう。

ラベルでよくわからなければ、店員さんに「これはエッセンシャルオイルですか。フレグランスオイルですか」とたずねてください。

店員さんも確信が持てない様子だと思ったら、そこで手に入れるのはやめておきましょう。

アロマテラピーの専門店では、(ルームフレグランスとして一部フレグランスオイルを置いている店もあるようですが) 基本的に純粋なエッセンシャルオイルを扱っています。

店員さんは、アロマテラピーの知識を持っていることが多いので、欲しい製品が純粋なエッセンシャルオイルであることを確かめると同時に、使い方の注意点などをよく質問してから購入するとよいでしょう。

また、花の精油の製法には、286ページで簡単にご説明した「水蒸気蒸留法」のほかに、化学溶剤に芳香成分を溶かしこんでから分離する「溶剤抽出法」もあります。

この本でご紹介した4つの花の中では、ラベンダー、オレンジフラワー（ネロリ）、ジャーマン・カモミールの精油は水蒸気蒸留法で採取されることがほとんどです。

ところが、ローズの場合は、どのアロマテラピーのお店でも、水蒸気蒸留法で作られた「ローズ・オットー」という製品のほかに、溶剤抽出法で作られた「ローズ・アブソリュート」というものがあります。

このように、製法の違いによって、採取できる精油の量や香りの質が違ってきます。

そして、生産量の少ない「ローズ・オットー」のほうが「ローズ・アブソリュート」よりかなり高価です。

できあがりの精油に化学溶剤が微量に残留する可能性や、敏感肌との相性を気にされる方は、水蒸気蒸留法の「ローズ・オットー」を選択していることも多いようですが、溶剤抽出法の精油を使ってみて、まったく問題がないという方でしたら、お財布にやさしい「ローズ・アブソリュート」の方を使うのも選択肢です。

精油を購入するときに迷ったら、香りと製法、値段の違いをよく確かめてから選択するようにしましょう。

Q5 保湿化粧品の「スクワラン」は酸化しにくいと聞きますが、この本で出てきた皮脂成分の「スクワレン」とはどう違うのでしょうか？「スクワレン」補給のためには使えないのですか？

A5

「スクワラン」（または「スクワランオイル」）は、合成のものや植物性のものもありますが、主に深海鮫の肝油から採取した「スクワレン」に「水素添加」と呼ばれる工程をほどこしたものです。

化粧品は、市場に出てから数年間は腐ったり変質したりすることのないように、保存料や安定剤などが加えられることが多いですが、この「水素添加」も、オイルの変質を防ぐためのひとつの手法です。脂肪の中の炭素の余った手に、水素を人工的に添加してつながせることで、その手が勝手に酸素と結びついて、脂肪が酸化、変質してしまうのを防ごうというのです。

「スクワランオイル」や、スクワラン入りの美容液をすすめる声の中で、「生のオイルをそのまま肌につけると、酸化しやすく油焼けしてしみができるので……」といった怖い話を耳にすることもあります。でも、ちょっと落ち着いて考えてみてください。「そんなはずはない」ということがすぐにわかります。

なぜなら、前にもお話ししましたが（78ページ参照）、健康な肌が自然に分泌している「皮脂」の中の大事な成分とは、他でもない「スクワレン」であって、水素添加をほどこした「スクワラン」ではありません。つまり、健康な肌を保護するために「スクワレン」を「スクワラン」にしなければならない理由はもともとないのですから、「スクワレン」の「水素添加」は、肌の健康のために始められたというよりは、化粧品の製品としての寿命を延ばすためと考えるのが一番自然です。

実際、「スクワラン」は肌に刺激を与えることがないので、さまざまな化粧品製造のためのベースの原料としてはとても有用ですが、完全に水素添加した「スクワラン」に「スクワレン」と同じような生化学的な作用を期待することはできないとされています。

ていねいな圧搾法できちんと作られた上質のオイルには、自然に含まれている成分の中に抗酸化作用がありますから、「スクワレン」を含んだオリーブオイルも、冷暗所で光と熱を避けてきちんと保存すれば、保存料を加えたりしなくても、半年から1年ほどは十分に持つものがたくさんあります。

もちろんそれ以外に、「光や熱にとても弱いけれど、トラブル肌への特殊な効きめを持っているのでスキンケアにぜひ取り入れたい」というオイルも各種あり（第3章参照）、冷蔵庫に保存するなどの注意を払わなければならないこともあります。

でも、その場合であっても、「皮脂の分泌量」以上に余分にぬりすぎない（「快適な素肌の感覚になるほどだけ」しか美容オイルをつけない）ように注意すれば、いたずらに「油焼け」といったことばを恐れて、毎日のスキンケアに天然の美容オイルを敬遠する理由はありません。「酸化」し始めるとしたら、有効に使われずに肌の上で余って遊んでいるオイルであることが多いからです。

ちなみに食用油脂の場合、「水素添加」は生のオイルの寿命を延ばすために行われるだけでなく、大豆油やコーン油、ナタネ油、綿実油などの液体植物油を固体油に変え、マーガリンやショートニング、ファットスプレッドなどを製造するために行われます。

その「水素添加」の過程で、副生成物として発生し、製品に含まれることになる「トランス脂肪酸」が、心臓疾患をはじめとした病気のリスクを高めることが報告され、近年ヨーロッパやアメリカでは、食品産業での使用や製造を禁止したり、規制する国や自治体が次々と出ています。

日本は欧米諸国にくらべ、トランス脂肪酸の摂取量はもともと少ないので、規制をするほどではないといった声もありますが、加工食品や市販のお菓子に含まれる脂肪分の原料が単に「植物油脂」となっている場合、このようなトランス脂肪酸を含んだ「水素添加」油脂である可能性は高いようですから、法律で規制されているかどうかはさておき、摂りすぎによって健康を損ねることのないよう、注意をしたほうがいいかもしれません。

どちらにしても、オイルは単なる無意味な（または健康を損ねる）カロリー摂取とならないように、その質と量に気を配ることが大切です。上質のオイルの効用をうまく組み合わせて少量をおいしく摂れれば、からだ全体の調子を整え、健康と美容におおいに貢献してくれるのですから。

Q6 肌の手入れをするとき、乳液タイプのローションや美容液、クリームは必要ないのでしょうか？

A6

私は最近では、水分と油分を乳化させたタイプのローションやクリームを作ったり、使ったりすることをほとんどしなくなりました。

市販のものも含め、乳化タイプのクリームやローションは、「水分補給」と「肌になじみやすい」ということがセールスポイントです。そして、いつまでも水分と油分が分離しないようにするために、さまざまな種類の乳化剤が何かしら使われていますが、それはどんなものであれ、肌にはあまりありがたくないものであることがほとんどなのです。

唯一、まず肌に悪さをしないだろうと思える乳化剤は、石けん分なのですが、そんな安全性第一の製品はあまり出回っていません。合成乳化剤を使ったほうが、「のびがよい」として人気があることが多いからです。

けれども、本文でも触れたように、角質に水分がたっぷりとしみこんでいて、オイルをつけすぎないようにすれば、べたつくということはありません。

乳液は、「かさかさした肌に、水分を含まないオイルやクリームをまんべんなくつけるのは大変だから」という理由で使われることがほとんどなのです。

だとすれば、「オイルやクリーム類を使う前に、必ず化粧水で、肌にたっぷり水分をしみこませておく」というちょっとした注意をするだけで、オイルはなめらかに肌になじむようになります。そうすれば、乳化タイプのクリームや乳液、美容液は、使う必要がなくなるわけです。

考えてみれば、乳化タイプのクリームの中に含まれている水分の量は、およそ30グラムのクリームでおおむねその半分、大さじ1杯ぐらいです。何週間もかけて使う分量のクリームに含まれている水分がたったの大さじ1杯ほどだとしたら、オイルやクリームをつける前に、たっぷり化粧水を使って、しっかり肌に水分を含ませたほうが、「水分補給」としてはずっと効率的です。

もちろん、乳液タイプのローションやクリームをつけるのが好きで、使い続けても肌にトラブルもないし、使うことに特に心配もないという方もいらっしゃると思いますが、「肌のために、不安のあるものは使いたくない」という方や、「化学的に合成された乳化剤はできれば避けたい」と考えていらっしゃる方なら、「保湿というスキンケアのために、乳化タイプのローションやクリームを使わなければならない理由はないのですから、もしも不安があるならやめてしまっても大丈夫ですよ」ということなのです。

以前書いた『お風呂の愉《たの》しみ』では、私も水分を含んだ乳化タイプのとろりとしたクリームの作り方をご紹介しました。

ギリシャ、ローマの時代から変わらない、最も安全とされる材料と作り方で、とても古典的な製法。私自身、愛用していたものです。「ほう砂」という、昔ながらの乳化剤を使う方法と使わない方法の両方をご紹介しながら、伝統的素材のほう砂であっても、乳化剤は、どうしても肌の負担になることが多いので、自分では使わない方法をとっているということを書きました。

ただ、乳化剤を使わずに長期間分離しないクリームを作るのにはちょっとしたコツと手際があり、それを会得しなければなりません。そのコツについて本でも詳しく説明したつもりだったのですが、石けんや化粧品作りの講習会などで読者の方々とお会いすると、「クリームを分離させないためにはどうすればいいのか」というところをあらためて聞きたいという方がずいぶんいらっしゃいました。

そのたび、コツを詳しく説明しているうちに、「こんなにむずかしいという人が多いのに、あえて水分とクリームを分離しないように合わせる必要がほんとうにあるのだろうか」という疑問がわいてきたのも、乳化タイプのクリームにこだわるのをやめた理由のひとつです。

というわけで、「化粧水」「美容オイル」、そして、美容オイルの保湿膜の機能を補い、また化粧下地として肌を保護するための「美容クリーム」をご紹介する今回のこの本では、乳化タイプの化粧品は、一切省いてしまうことにしました。

でも、使い心地がとてもよく、豊かでゆったりとした気分になれて、安心なものばかりを集めましたので、レシピの章でごらんください。

Q7 最近、「セラミド」という成分を配合した化粧品がありますが、これはこの本で出てくる「皮脂」の成分とどう違うのですか?

A7

この本でご説明した「皮脂」は、角質(肌の一番外にある層)の表面を薄くおおって、肌を摩擦や外気から保護し、乾燥を防ぎ、なめらかなつやを出す役割をしている成分です。

角質よりもっと下の「真皮」という層から発生して肌の表面まで伸びている皮脂腺から、肌の表面に向かって分泌されています。肌にとって、外の環境に対する第一のバリア機能を持つものです。

「セラミド」というのは、からだの中に存在する脂質の一種。皮脂で表面を保護されている角質層の中では、角質の細胞と細胞のすき間を満たしている「細胞間脂質」と言われるものの成分のひとつです。

「細胞間脂質」は、新陳代謝の過程で生み出され、「セラミド」のほかに、脂肪酸、コレステロール、コレステロールエステルなどで構成されています。細胞と細胞を糊のようにつないで角質層を頑丈に保つほか、角質層内に含まれる水分を外に逃がさないようにする役目をしています。

そういうわけですから、「皮脂」も「細胞間脂質」もその名に表されるように、「脂質」=「オイルの成分」を含み、「脂質」に共通する役割として、肌の水分を逃がさないようにしていることは確かなのですが、機能する場所が皮膚の表面か、細胞と細胞の間かという違いがあるわけです。

最近は、「細胞間脂質」の水分保持機能が皮膚科学の分野でクローズアップされています。

からだの仕組みが科学的に熱心に研究され、私たちの肌やそれを支える成分の働きが、ミクロレベルで日々明らかになっていくのは、すばらしいことだと思います。

けれどもそれとは別に、そんな成分名が流行の化粧品に姿を変えたとき、一消費者としては正直、どのように受け止めていいのか、とまどいを禁じ得ないのも事実です。

「細胞間脂質」の成分のひとつである「セラミド」も、化粧品に加えられるようになり、以前は牛の脳などが原料でしたが、いわゆる狂牛病が社会問題となってからは、馬の脊髄、小麦、米、大豆、こんにゃく、とうもろこしなどから抽出されたり、合成されたりして、化粧品に配合されているようです。

とうもろこしなら10トンから1キログラムしか製造できないので、高価になるそうです。

「セラミド」にかぎらず、さかのぼれば、「ヒアルロン酸」「コラーゲン」「尿素」「プラセンタ」など、時代とともに化粧品に高機能を与えるとして加えられる「新成分」が次々に現れてきます。

「皮脂」のように肌の表面で働くのではなく、内部で機能している成分を化粧品として外用することの効果がどれだけあるのか、もし、異物からからだを守る役目をしている皮膚を通過して、からだの内部に入ってくるのだとすれば、抽出されたただの新成分の安全性がどれだけ時間をかけて証明されたのか、どんな原料からどのように製造されているのか……。

選ぶ側がじっくりと納得してよく確かめることができないまま、華やかなかけ声とともに時代がめまぐるしく移り変わっていく。そんな印象を持ってしまうことは否めません。

「細胞間脂質」が少なければ、角質の細胞と細胞がきちんとつながらず、肌の水分保持機能もうまくいかなくなるという、からだの仕組み自体は納得できます。

それなら、「肌の細胞と細胞間脂質を元気に生み出せるように、良質の脂質＝オイルを内側から補給して、からだの調子を整えていけばいいのだろう」というあたりで、私は今のところは理解するようにしています。

毎日のスキンケアをとにかくシンプルに不安なく、気持ちよくしたいと考えていますので、私は今の時点で自分の中に少しでも「？」が残っているものなら、何でも素通りしておこうと思っています。

あとがき

手のひらにすくえるほどの、1杯の澄んだ水と、植物の実や種から搾った、ほんの1、2滴のオイル。花の息遣いのような、ひと吹きの天然の芳香。

つきつめれば、自分が日々を気持ちよく健やかに過ごすために朝晩必要なのは、たったこれだけなのだと気づいたとき、気持ちはすーっと晴れ、きれいな風の吹きわたる場所で、高い空を見上げて深呼吸しているような、胸のすく思いがしました。

いるもの、いらないものが、どっとあふれ返った狭い部屋をえいっと抜け出して、シャワーを浴びてさっぱりとし、それから広い野原に走り出たような気持ちになったのです。

考えてみれば、「水」と「オイル」と「花」は、ずっと昔から世界中で、からだの不調を整え、美しくなるために、人が使い続けてきたものです。

「水」は命の源。水の豊かな日本にいるとつい忘れがちですが、きれいな水がとてつもない貴重品であるという場所は世界中に少なくありません。

また、スキンケアのための「オイル」や「花」の精油は、素材の持つパワーを凝縮して、特別な工程を経て取り出したものであるだけに、昔はどの地でも、王侯貴族のために医師や薬剤師、調香師が扱っていて、今のように一般の人が気軽に手にすることは、到底かないませんでした。けれども、普通の人々も「オイル」や「花」の治癒力を敏感に感じとっていましたから、その地で身近に手に入る木の実を搾り、口に入れ、肌にぬり、花を摘んでハーブにするなどして、日々活用してきたのです。

昔から伝わってきたさまざまなオイルや精油に、実際にどんな効能があったのか。ここ数十年で、化粧品用油脂、食用油脂、栄養学、アロマテラピーなどの分野で科学的研究が飛躍的に進み、いろいろなことが明らかになってきました。

貴重な素材だけでなく、そんな情報が探せばちゃんと手に入る時代に生まれ合わせたことを、ほんとうに幸せに思わずにはいられません。

自分にとって必要なものを選べる自由は、何ものにも代え難い喜びだと思うからです。

花の精油をびんから1滴、2滴と取り出すとき、私がよく思い出すことがあります。

晩年、もう口がきけなかった祖母を車いすに乗せて、近くの公園に散歩に出かけたとき、道端に紫色のすみれが群れて咲いているのを見つけました。

昔から花の大好きだった祖母が喜ぶに違いないと思った私は、思わずすみれを一輪摘んで、ふわりと祖母の膝にのせ、「おばあちゃん、すみれよ！」と小さく叫びました。

うれしそうに笑ってくれると思ったのに、あに図らんや、すみれに目をやった祖母は悲しげで、それから何かを言いたそうに私をじっと見ました。

「かわいそうだから、もうそのまま咲かせてあげてね」

そう言いたがっているのだということが、すっと伝わりました。

あのとき、ざーっとこみあげてきた、いたたまれない思い。

忙しくぱたぱたと走り回っているときにはすっかり忘れているのですが、化粧水や美容オイルを作るとき、花の精油がぽとり、ぽとりと、落ちていくのをじっと見ていると、私は時々、あのときのことを思い出します。それから、傷がつかないようにていねいに実を集めて、オリーブの実を搾り機にかける人たちのこと、早朝、芳香成分をみなぎらせている一面のバラやラベンダーの花畑に出て、いい精油を採るためにベストな状態で摘み取ろうと、朝露にぬれながら立ち働いている人たちのことを考えます。

素材を入れた小さなびんの中には、ほんとうにいろいろなものが詰めこまれています。

この本では、そんな「水」と「オイル」と「花」の生命力と美しさが、私たちの日々の健康と美容を、どれだけまっすぐに力強く支えてくれるものなのか、それをそのままお伝えしたかったわけなのですが、お話ばかりでは、もどかしい思いもおありでしょう。

まずは素材を手に取って、五感でその1滴にこめられたパワーを感じ取ってみてください。「どうして今、私の肌はこんなふうに感じるのかな？」と思ったら、もう一度この本を開いてみてください。どなたでも、その答えがきっとどこかに見つけ出せるように、そして必ず満ち足りた気持ちで肌のお手入れができるようにと願って、この本は編まれています。

これから先、季節ごと年ごとに、みなさんが、肌に手を当てながらふと疑問が浮かんだとき、「どれどれ」とこの本を開いて役立ててくださったら、こんなにうれしいことはありません。

飛鳥新社の島口典子さんは、重いかごを肩にぎゅうぎゅう食い込ませて花を摘むようなご苦労を厭わず、たゆまず著者を助けてくださいました。ほんとうにありがとうございました。

それから最後に、ずっと応援し続けてくださった皆さまにも、心から御礼を申し上げたいと思います。

2008年　秋

前田京子

Eight Weeks to Optimum Health, Revised Ed., Andrew Weil, 2006. Knopf.
改訂増補『アロマテラピー事典』 パトリシア・デービス　高山林太郎訳　フレグランスジャーナル社（1997）
『アロマテラピーのための84の精油』 ワンダ・セラー　高山林太郎訳　フレグランスジャーナル社（1992）
The Complete Book of Essential Oils and Aromatherapy, Valerie Ann Worwood, 1991. New World Library.
『メディカルハーブの事典』 林真一郎編　東京堂出版（2007）
『メディカルハーブ LESSON』 林真一郎　主婦の友社（1996）
『アロマテラピー LESSON』 林真一郎　主婦の友社（1995）
『臨床で使うメディカルアロマセラピー』 川端一永、吉井友季子、田水智子編著　メディカ出版（2000）
『アロマセラピーとマッサージのためのキャリアオイル事典』 レン・プライス、シャーリー・プライス、イアン・スミス　ケイ佐藤訳　東京堂出版（2001）
『アロマテラピー実践事典』 モニカ・ヴェルナー　林真一郎監修　畑澤裕子訳　東京堂出版（2000）
Hydrosols: The Next Aromatherapy, Suzanne Catty, 2001. Healing Arts.
改訂『最新フレグランスガイド』 ハーマン＆ライマー社編　奥田治訳　フレグランスジャーナル社（1997）
『香料入門』 吉儀英記　フレグランスジャーナル社（2002）
『花精油と調合香料』 ダニュート・パジョジス・アノニス　掛川十次郎訳　フレグランスジャーナル社（1998）
『南フランス香りの花めぐり』 広山均　フレグランスジャーナル社（2007）
『ラベンダーのすべて』 マギー・ティスランド、モニカ・ユーネマン　高山林太郎訳　フレグランスジャーナル社（1990）
『ラベンダー油』 ジュリア・ローレス　高山林太郎訳　フレグランスジャーナル社（1997）
『バラ油』 ジュリア・ローレス　高山林太郎訳　フレグランスジャーナル社（1997）
『エドワード・バッチ　魂の植物』 メヒトヒルト・シェファー、ヴォルフディーター・シュトルル　手塚千史訳　フレグランスジャーナル社（2008）
『ハチミツと代替医療』 パメラ・マン、リチャード・ジョーンズ編　松香光夫監訳　フレグランスジャーナル社（2002）
『からだの自然治癒力をひきだす「緑の医学」』 林真一郎　サンマーク出版（2002）
Plants in Hawaiian Medicine, Beatrice H. Krauss, 2001. Bess.
A Handbook of Native American Herbs, Alma R. Hutchens, 1992. Shambhala.
『アーユルヴェーダのハーブ医学』 デイビッド・フローリー、ヴァンサント・ラッド　上馬場和夫監訳・編著　出帆新社（2000）
『アーユルヴェーダ』 V. B. アタヴァレー　稲村晃江訳　平河出版社（1987）

主要参考文献

第４版『油化学便覧』 日本油化学会編　丸善（2001）
改訂３版『油脂化学便覧』 日本油化学協会編　丸善（1990）
第２版『油化学事典』 日本油化学会編　丸善（2006）
『食用油脂』 藤田哲　幸書房（2000）
『化粧品用油脂の科学』 廣田博　フレグランスジャーナル社（1997）
『油脂化学入門』 黒崎富裕、八木和久　産業図書（1995）
第３版『油脂化学の知識』 原田一郎　幸書房（1992）
新判『油脂製品の知識』 安田耕作、福永良一郎、松井宣也、渡辺正男　幸書房（1993）
『あぶら（油脂）の話』 藤谷　健　裳華房（1996）
『脂肪酸と健康・生活・環境』 彼谷邦光　裳華房（1997）
『スキンケアの科学』 服部道廣　裳華房（1997）
『活性剤の化学』 井上勝也、彦田毅　裳華房（1991）
『洗剤・洗浄の事典』 奥山晴彦、皆川基編　朝倉書店（1990）
『洗浄の基礎知識』 大木建司、八木和久　産業図書（1993）
『界面活性剤の話』 北原文雄　東京化学同人（1997）
『みんなで考える洗剤の科学』 井上勝也編　研成社（1987）
『洗う』 藤井徹也　幸書房（1995）
『暮らしの中の洗浄』 辻薦　地人書館（1994）
『油　このおいしくて不安なもの』 奥山治美　農文協（1989）
『豊かさの栄養学２　健康の鍵・脂肪は正しくとろう』 丸元淑生、丸元康生　新潮文庫（1991）
『オイルは若さと健康のクスリ』 菅原明子監修　同文書院（1999）
Omega 3 Oils, Donald Rudin, MD & Clara Felix, 1996. Avery.
（邦訳『完全栄養食ガイド』 ドナルド・ラディン、クララ・フェリックス　今村光一訳　オフィス今村刊　中央アート出版社）
The Facts about Fats, John Finnegan, 1993. Celestial Arts.
（邦訳『危険な油が病気を起こしてる』 J・フィネガン　今村光一訳　オフィス今村刊　中央アート出版社）
Ullmann's Encyclopedia of Industrial Chemistry, 5th Ed., 1987. VCH.
Encyclopedia of Chemical Processing and Design, 1984. Marcel Dekker.
Kirk Othmer Encyclopedia of Chemical Technology, 4th Ed., 1998. John Wiley & Sons.
『太陽紫外線と健康』 菅原努、野津敬一　裳華房（1998）
『フレグランスジャーナル 』1999年5月号 特集／新しい紫外線防御剤の機能と開発
『最新香粧品の植物科学』 フレグランスジャーナル臨時増刊 No.16（1999）
『保湿メカニズムと保湿剤の科学』 フレグランスジャーナル臨時増刊 No.17（2000）
五訂増補『食品成分表　2008』 香川芳子監修　女子栄養大学出版部（2008）
「健康食品」の安全性・有効性情報 http://hfnet.nih.go.jp/　国立健康・栄養研究所
『香粧品原料便覧』第５版 フレグランスジャーナル社（2004）

本書でご紹介した素材や道具に、
どんな効能や働きがあるかが、簡単にわかる索引です。
オイル、植物性バター、精油（エッセンシャルオイル）、
その他の材料、道具などに分け、
分類別に掲載しています。

●ククイナッツ油（ククイナッツオイル）

84, 85, 88, 93, 122, 131~134, 136~149, 153, 164, 176~182, 185, 242, 260, 264, 293, 309~311, 326, 327

リノール酸とα-リノレン酸をバランスよく含み、各種湿疹やにきびなど、特殊な肌の疾患への効果が注目されるほか、紫外線による肌のダメージを予防したり、修復したりする効果を持つ。

●くるみ油（ウォルナッツオイル）

27, 84, 85, 88, 93, 122, 125, 129, 130, 136, 141, 149, 153, 164, 176, 179, 181, 185, 242, 260

貴重なα-リノレン酸を含むオイルのひとつで風味がよく、生食用に向く。ライトな保湿感のバスオイル、スキンオイルとしても使える。古くから、食用、美容、医薬用として使われる。

●ごま油 *太白《たいはく》ごま油を参照。

●しそ油、えごま油（紫蘇油、荏胡麻油）

85, 88, 93, 122, 125, 136, 140~145, 149, 153, 164, 172, 176, 179, 181, 185, 242, 261, 264

α-リノレン酸を最も多く含むオイルのひとつで、必須脂肪酸の摂取バランスが悪いことによるからだや皮膚の不調を整えるとされる。古くは医薬用として使われる。生食で摂り、保存に注意。

●スイートアーモンド油（スイートアーモンドオイル）

27, 82, 84, 88, 89, 92, 115, 116, 119, 147, 153, 164, 242, 250, 251, 260, 300, 301, 318, 319

オレイン酸による大きな保湿効果を持ちながら、リノール酸とのバランスがよく、のびのいい軽めの使用感で、美容オイル、バスオイル、ベビーオイル、食用として伝統的に人気。生でもいいが、加熱料理にも向く。

効能付き

「スキンケア用素材と道具」索引

オイル（50音順）

●アボカド油（アボカドオイル）

アレルギーを引き起こすリスクが最も低い低刺激オイルのひとつ。オレイン酸による豊かな保湿力を持ち、敏感肌用、小児用オイルとしてよく使われる。緑色のもの、脱色精製をした透明のものがある。食用のものは生食にも加熱料理にも向く。

●亜麻仁油《あまにゆ》（フラックスシードオイル）

α－リノレン酸を最も多く含むオイルで、必須脂肪酸の摂取バランスが悪いことによるからだや皮膚の不調を整えるとされる。最も傷みやすいオイルなので、加熱せず生で摂り、保存に注意。

●ウォルナッツオイル

*くるみ油を参照。

●えごま油

*しそ油、えごま油を参照。

●オリーブオイル

最も多くオレイン酸を含み、きわめて保湿効果が高い植物油のひとつで、皮脂成分のスクワレンを含むことが最大の特徴。古くから食用、化粧用、医薬用として使われる。食用バージンオイルは生で摂り、ピュアオイルは加熱料理に。

●ヘーゼルナッツ油
(ヘーゼルナッツオイル)

82, 83, 88, 92, 105~107, 116, 117, 119, 147, 153, 157, 163, 166, 169, 180, 242, 260

オレイン酸を多く含み、大きな保湿力を持つ。南米産のものは、パルミトレイン酸を含み、細胞再生を助ける効果を持つ。古くから食用、美容、医薬用として使われる。大変風味のいいオイルで、生でもいいが、加熱料理にも向く。

●ホホバオイル(ホホバ油)

79, 88, 92, 112~114, 138, 147, 153, 160~163, 168, 242, 248~251, 260, 268~274, 304, 305, 307, 309, 322~324

皮脂成分のロウを含み、のびがよく、とても豊かな保湿力と肌の保護作用がある。最も変質しにくいオイル。脱色精製をしていない黄金色のものと脱色した無色透明のものがある。

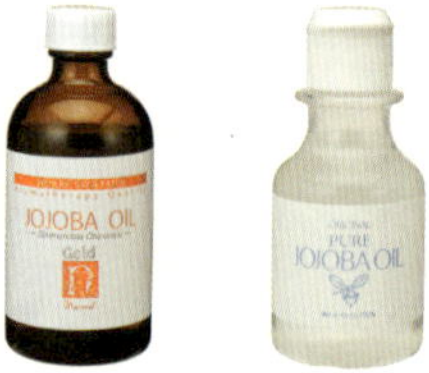

●マカデミアナッツ油(マカデミアナッツオイル、マカダミアナッツオイル)

82, 83, 88, 92, 107~112, 116, 117, 119, 122, 147, 153, 157, 163, 166~169, 171, 180, 182, 183, 185, 242, 250, 251, 260, 306, 307, 309, 322, 323

細胞修復再生効果を持つ皮脂成分、パルミトレイン酸を豊富に含むことが最大の特徴。オレイン酸による豊かな保湿効果も持つ。加熱料理にも向く。

●ローズヒップ油
(ローズヒップオイル)

84, 85, 88, 93, 136~139, 141, 149, 153, 164, 176~178, 181, 182, 185, 242, 260, 264, 293, 304, 305, 326, 327

リノール酸とα－リノレン酸をバランスよく含み、皮膚の炎症やしわ防止、しみ対策、特殊な肌の疾患への効果が注目されている。

オイル（50音順）

●太白《たいはく》ごま油（太白胡麻油、局方《きょくほう》ゴマ油）

84,88,92,103,123~125,149,153,164,168,178,179,242,260,302,303,324,325

生のごまを炒らずに圧搾したもので、抗酸化作用、紫外線吸収効果、ライトな使用感の保湿力を持つ。古くから食用の他、医薬品、化粧品の基剤として使われる。加熱料理にも向く。

●パンプキンシード油（パンプキンシードオイル、かぼちゃ種油）

27,84,88,93,125~129,136,141,149,153,164,176,179,185,242,260

貴重なα－リノレン酸を含むオイルのひとつで風味がよく、生食用に向く（リノレン酸を含まないタイプのものもある）。ライトな保湿感のバスオイルとしても使える。古くから、食用、美容、医薬用として使われる。

●月見草油（イブニングプリムローズオイル）

84,85,88,93,135,136,149,153,164,176,185,242,260,264,293,327

γ－リノレン酸を含むことが最大の特徴。原因の特定しにくい肌の不調を整えるとされ、古くから医薬用として使われる。

●椿油（つばき油）

82,88,92,100~104,116,117,125,138,147,153,155~157,163,180,242,260

最も多くオレイン酸を含み、大変豊かな保湿力を持つ。食用、医薬用、化粧用、整髪用オイルとして日本で古くから使われる。酸化しにくく熱に強いので、加熱料理に向く。

●馬油《ばあゆ》（バーユ）

83,85,88,92,107,121,122,147,153,164,166,169~171,185,242,260

オレイン酸、パルミトレイン酸、リノール酸、リノレン酸をバランスよく含み、古くからやけどや傷の治療薬として使われる。

精油（エッセンシャルオイル）

●ジャーマン・カモミール

199, 201, 210~212, 230, 237, 239, 243, 245, 261, 265, 274, 282, 283, 288, 291, 292, 295, 298, 299, 327

フルーツとハーブ、フローラルがミックスした、りんごのような甘くさわやかな香り。アレルギー性や敏感肌、極端な乾燥肌の皮膚の不調調整によいとされる。

●ネロリ（オレンジフラワー）

185, 199, 201, 207, 208, 230, 236, 237, 239, 243, 245, 251~255, 261, 265, 273, 280, 281, 284, 285, 292, 295, 306, 307, 322, 323, 327

上品で華のある明るいフローラル系の香り。抗不安、緊張緩和、細胞再生を助ける効果があり、傷修復、老化肌のスキンケアなどによいとされる。

●ラベンダー

171, 199, 202, 211, 212, 230, 234, 237, 238, 243, 245, 252, 253, 261, 265, 271, 278~286, 295~297, 324, 325, 327

清々しいハーブ系の入ったフローラルの香り。心身の緊張や疲労の緩和。リラックス効果。抗炎症、抗菌作用、傷、やけど、紫外線によるダメージの修復効果を持つ。普通肌、脂性肌のスキンケアによいとされる。

●ローズ（バラ）

185, 199, 201, 204, 207, 230, 235, 237, 239, 243, 245, 251~255, 261, 265, 272, 278, 279, 284~286, 288, 291, 292, 295, 300~303, 305, 318, 319, 327

高貴で甘く柔らかなバラの香り。抗鬱作用、ホルモン分泌調整効果を持ち、どの肌タイプにも向き、皮脂分泌の調整を助けるとされる。

植物バター

●シアバター

傷修復や紫外線ダメージケアの効用を持ち、そのままでもリップクリーム、かかとやひじのケアなどに使える。液体オイルを固めて美容クリームにするときに、ベースの材料として使える。

●マンゴーバター

シアバターと大変似た働きをするので、同様の用途に。美容クリームのベースの材料として使える。

●白ワイン　288,291

ドライハーブを使った化粧水を作るときに使う素材で、できあがりに芳香と保湿を加える働きがある。化粧水の伝統的素材。

●精製水

230,231,233~239,281,283,285

不純物の一切含まれない水で、水分補給のために化粧水を作るときのベースとなる素材。薬局で買える。

●フラックスシード（食用亜麻の実）　144,145

亜麻仁油の原料。良質のものを摂れば、油そのものを摂らずに、亜麻仁油が含む成分の補給ができる。酸化しやすいので、食用のものを使う直前に挽くとよい。クラフト用のものもあるので注意。

●はちみつ　127,128,130,139,282,301,311

保湿力、抗菌力、傷修復力を持つとされる。はちみつと美容オイルを合わせたフェイシャルパックの素材として使う。

●ヘーゼルナッツの実　105

ヘーゼルナッツ油の原料。新鮮な良質の実を摂れば、油そのものを摂らずに、ヘーゼルナッツ油が含む成分の補給ができる。

●マカデミアナッツの実　108

マカデミアナッツ油の原料。新鮮な良質の実を摂れば、油そのものを摂らずに、マカデミアナッツ油が含む成分の補給ができる。

●ラベンダー（ドライハーブ）　288,291

ラベンダーの花の香りと効能（精油のラベンダーに準ずる）を取り入れる化粧水の素材として使う。ハーブティーとして飲用にも使える。

●ローズ（ドライハーブ）　288,291

ローズの花の香りと効能（精油のローズに準ずる）を取り入れる化粧水の素材として使う。ハーブティーとして飲用にも使える。

●ローズヒップ（ドライハーブ）　138,139,304

天然ビタミンCを豊富に含み、ハーブティーとして摂れば、内側からのスキンケアを助ける。はちみつといっしょにジャムにするのも伝統的利用法。

その他の材料

●アーモンドの実 115

スイートアーモンド油の原料。良質の木の実を摂れば、油そのものを摂らずに、スイートアーモンド油が含む成分の補給ができる。丸ごとのほか、製菓材料として、スライスアーモンドやアーモンドプードルなども手に入る。

●アボカドの実 118,120

アボカド油の原料。新鮮な良質の実を摂れば、油そのものを摂らずに、アボカド油が含む成分の補給ができる。

●オリーブの実 96,99

オリーブオイルの原料。良質の漬物を摂れば、油そのものを摂らずに、オリーブオイルが含む成分の補給ができる。

●オレンジフラワー（ドライハーブ） 288,291

オレンジの花の香りと効能（精油のネロリに準ずる）を取り入れる化粧水の素材として使う。ハーブティーとして飲用にも使える。

●かぼちゃの種 126,128

パンプキンシード油の原料。良質の実を摂れば、油そのものを摂らずに、パンプキンシード油が含む成分の補給ができる。

●くるみの実 129,130

くるみ油の原料。良質の実を摂れば、油そのものを摂らずに、くるみ油が含む成分の補給ができる。

●植物性グリセリン 230,239,279,281,283,285

天然植物性オイルに本来含まれる保湿成分で、石けんの副産物。水分を引きつける性質を持つ。化粧水を作るとき、水と精油をつないでなじませ、保湿を付け加える役目をする。薬局で買える。

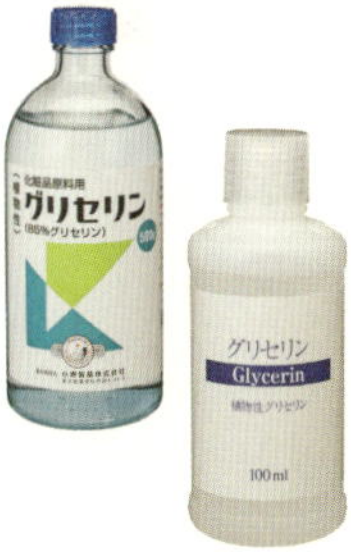

●ごまの実 125

ごま油の原料。良質のものを摂れば、油そのものを摂らずに、ごま油が含む成分の補給ができる。料理素材として、練りごま（ごまペースト）なども手に入る。

●ジャーマン・カモミール（ドライハーブ） 288,291

カモミールの花の香りと効能（精油のジャーマン・カモミールに準ずる）を取り入れる化粧水の素材として使う。ハーブティーとして飲用にも使える。

●美容クリーム用ガラス容器 262,264

オプションで、美容クリームに精油を使うときのためのガラスびん。

●ビーカー 262

美容クリームを作るときに、オイルと植物バターを湯煎にかけて溶かすときに使う。注ぎ口がついているので、オイルを化粧びんに移すのにも、クリームを容器に流し入れるのにも便利。

●料理用計量スプーン 293,294

美容オイルをブレンドするとき、小さじ（5ml）単位で量れるので便利。

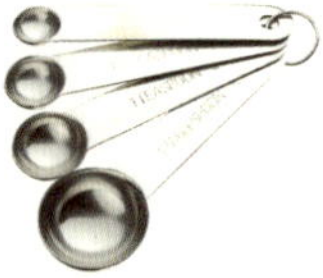

●薬さじ 263

美容クリームを作るときに植物バターを量りとるときに使う。1グラム単位を細かく取り分けるのに便利。からしやわさび、スパイスなどを少量使うときなど、料理用にもおすすめ。

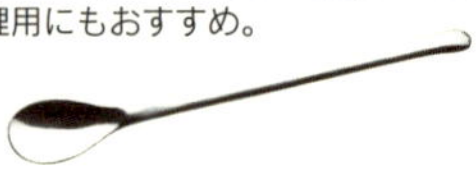

●料理用デジタルはかり 263

美容クリームは1グラム単位で材料を量るので、そのときにこのはかりを使う。ソーラー式のものは、電池を入れ替える手間がなく便利。

道具（本書登場順）

●化粧水用ガラスびん
232, 233

精油を使った化粧水を入れるためのガラスびん。自家製の化粧水もこの本で紹介したものは常温で1ヵ月は持つものが多いが、時間が経って変質したり、びんの内側が汚れたりしたときにわかりやすいよう、中が透けて見えるガラスがおすすめ。

●ドロッパー付きガラス精油びん
241,243,244,246,295

アロマテラピーで使う精油用の保存びん。5ml、10ml、20mlと小容量でいろいろなサイズがあり、1滴ずつ取り出せるので、美容オイルを小分けにして保存したり、携帯するときに便利。

●化粧水作製用ガラスびん（空きびん、ふたつきの容器）
233

化粧水を作るとき、グリセリン、精油、水を合わせて振るのに便利。500mlくらいのサイズがよい。

●ミニブラシ
244

小さな精油びんなどを、きれいに洗うときに便利。

●美容オイル用ガラス化粧びん
241,243,244,295

オプションで、美容オイルに精油を使うときのためのガラスびん。美容オイルは、使い過ぎないよう1滴ずつ取り出せることが大切なので、小さな穴の開いた中栓付きのびんがよい。オイルの汚れを落とすには、プラスチック製よりガラス製のものがおすすめ。

前田京子著　石けん作りのための参考図書

● 『お風呂の愉《たの》しみ』（飛鳥新社刊）

石けん・シャンプー&リンスの他、入浴剤、化粧品、歯磨きなど、ボディケア用品のレシピの数々をエッセイとともに紹介。

● 『石けんのレシピ絵本』（主婦と生活社刊）

肌へのいたわりを第一に考え抜かれた四季の手作り石けんレシピ集。透明石けんの作り方もていねいに紹介。

● 『オリーブ石けん、マルセイユ石けんを作る お風呂の愉《たの》しみテキストブック』（飛鳥新社刊）

「マルセイユ石けん」をはじめとした、肌にいい極上の石けんの作り方を、カラー写真で詳しくわかりやすく紹介。さらに、「ほんとうにいい石けんを作るための油の知識」と「オリジナル石けんレシピの作り方」を収録した、手作り石けんのすべてがわかる決定版。

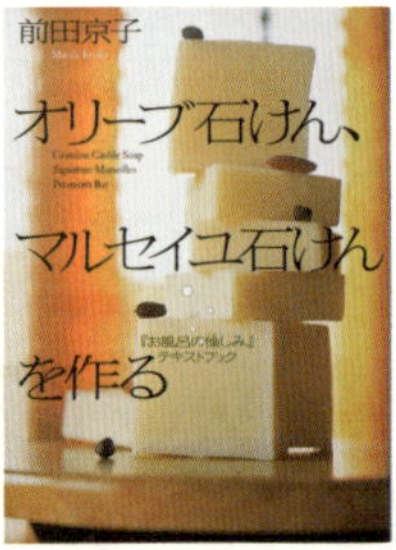

洗顔・クレンジング用品

●「お風呂の愉《たの》しみ
マルセイユ石けん」 62

無添加石けん製造メーカーの太陽油脂株式会社が、『お風呂の愉《たの》しみ』(飛鳥新社刊)で発表された「特製マルセイユ石けん」のレシピに従って、忠実に手作り製法で作り上げた化粧石けん。洗顔、洗髪、浴用、化粧落とし、ベビー用に使える。無香料と天然精油入り(ラベンダー&ローズマリー)がある。

●「お風呂の愉《たの》しみ
5つのオイルの石けん」 62,250

無添加石けん製造メーカーの太陽油脂株式会社が、『お風呂の愉《たの》しみ』(飛鳥新社刊)で発表された「最高に贅沢《ぜいたく》な石けん」のレシピに従って、忠実に手作り製法で作り上げた洗顔用化粧石けん(無香料)。オリーブオイル、スイートアーモンド油、ホホバオイル、パーム油、ココナッツ油の5つのオイルを原料とする。

●麻、綿のタオル 220

吸水性がよく、肌の表面をこすらなくても軽く押さえるだけで水分をとる、薄手の麻のタオルは、洗顔用におすすめ。麻のガーゼ織りや、ワッフル織り、また、麻綿混の素材などがある。

その他

用語索引

「オイル」と「エッセンシャルオイル」は、
『効能付き「スキンケア用素材と道具」索引』(354ページ)を参照してください。

皮脂の成分など

皮膚のトラブルなど

神戸ロフト	☎078-272-6210㈹	天神ロフト	☎092-724-6210㈹
広島ロフト	☎082-512-7590㈹		

本で紹介している
オイル(主にアロマテラピー用)、精油、道具など

(お店によって、取り扱い商品に違いがありますので、ご注意ください)

グリーンフラスコ(株)
〒158-0083
東京都世田谷区奥沢 5-41-12
ソフィアビル1F
☎03-5483-7565
URL http://www.greenflask.com/

(株)カリス成城
〒157-0066
東京都世田谷区成城 6-15-15
☎03-3483-1960
URL http://www.charis-herb.com/

(株)生活の木
〒150-0001
東京都渋谷区神宮前 6-3-8
☎03-3409-1781
URL http://www.treeoflife.co.jp/

ガイア・エヌピー(株)
〒150-0033
東京都渋谷区猿楽町 11-6
サンローゼ代官山2F
☎03-5784-6658
URL
http://www.gaia-np.com/index.html

(株)ニールズヤード レメディーズ
〒150-0001
東京都渋谷区神宮前 4-2-11
ベルエアガーデンビル7F
☎03-5775-4282
URL http://www.nealsyard.co.jp/

店舗、通信販売など、詳しくは各社にお問い合わせください。

本の中で紹介している 完成石けん、オイルなど

太陽油脂(株)〈製造販売元〉
〒221-0022
神奈川県横浜市神奈川区守屋町 2-7
☎045-441-4953
URL http://www.taiyo-yushi.co.jp

『お風呂の愉《たの》しみ』で紹介された石けんを、レシピ通りに手作り製法で製造した「お風呂の愉《たの》しみマルセイユ石けん」と「5つのオイルの石けん」(本でのレシピ名は「最高に贅《ぜい》沢《たく》な石けん」)の他、ベビーオイルとして、化粧用マカデミアナッツオイルなどを販売しています。

商品のことや、販売先に関することは、直接お問い合わせください。

材料・道具の入手、問い合わせ先

本の中で紹介している 石けん、オイル、精油、道具など

読者の声から生まれた……
「お風呂の愉《たの》しみネットストア」
（飛鳥新社公認サイト）
http//jfish.jp
（パソコン、携帯電話からアクセスできます）

このサイトは、前田京子著『お風呂の愉《たの》しみ』の読者の方たちの声から生まれた、手作り石けん、手作りボディケア用品などの材料が手に入るインターネットのお店です。

今回、本の中で紹介されている石けん（完成石けん）、オイル、精油、道具などのほとんどのものを、ここで入手することができます。

また、パソコンや携帯電話をお使いでない方には、カタログをお送りしています。

お問い合わせ、またはカタログを希望される方は……。

お風呂の愉《たの》しみネットストア
（有）ジェリーフィッシュ

〒261-7130
千葉県千葉市美浜区中瀬 2-6
ワールドビジネスガーデン（WBG）
マリブウエスト30F
☎043-213-9855（平日10:00～17:00）
FAX 043-213-6752（24時間受付）

本で紹介している オイル、精油、道具など

（お店によって、取り扱い商品に違いがありますので、ご注意ください。
なお、ここで紹介しているお店以外に、デパート、雑貨店などで
取り扱っているところもあります）

東急ハンズ新宿店	☎03-5361-3111㈹
東急ハンズ渋谷店	☎03-5489-5111㈹
東急ハンズ銀座店	☎03-3538-0109㈹
東急ハンズららぽーと豊洲店	☎03-5547-0109㈹
東急ハンズ横浜店	☎045-320-0109㈹
東急ハンズ川崎店	☎044-230-0109㈹
東急ハンズ心斎橋店	☎06-6243-3111㈹
東急ハンズ三宮店	☎078-321-6161㈹
東急ハンズ名古屋ANNEX店	☎052-953-2811㈹
東急ハンズ札幌店	☎011-218-6111㈹
東急ハンズ広島店	☎082-228-3011㈹
渋谷ロフト	☎03-3462-3807㈹
吉祥寺ロフト	☎0422-23-6210㈹
横浜ロフト	☎045-440-6210㈹
東戸塚ロフト	☎045-823-4611㈹
千葉ロフト	☎043-248-6210㈹
船橋ロフト	☎047-423-6210㈹
大宮ロフト	☎048-646-6210㈹
札幌ロフト	☎011-215-3840㈹
旭川ロフト	☎0166-27-3490㈹
仙台ロフト	☎022-224-6210㈹
新潟ロフト	☎025-245-6210㈹
梅田ロフト	☎06-6359-0111㈹
あべのロフト	☎06-6625-6210㈹
境ロフト	☎072-273-0621㈹
京都ロフト	☎075-255-6210㈹

前田京子
まえだ・きょうこ

1962年生まれ。国際基督教大学教養学部を卒業後、東京大学法学部に入学。同大学を卒業後、アメリカ・ペンシルバニア州の私立大学で、外国語学部の講師となる。日本に帰国後、編集者として出版社に勤務。海外の翻訳本の編集や、日本の文化を海外に伝える英字出版に携わる。その後、フリーとなって編集、翻訳、本の執筆と、本全般に関わる仕事を、幅広く手がけるようになる。

小さい頃から、「石けん」と「お風呂」と「キッチン」と「本」が大好きで、手作り石けんやボディケア用品のレシピをエッセイとともに紹介した『お風呂の愉《たの》しみ』、さらに写真などで作り方を詳しく紹介した『オリーブ石けん、マルセイユ石けんを作る　～お風呂の愉《たの》しみテキストブック』（ともに飛鳥新社）、『石けんのレシピ絵本』（主婦と生活社）を出版。これらの本は、手作り石けん、手作りボディケアブームの先駆けとなり、バイブル的存在としてロングセラーになっている。著書は他に、『キンダーブック　しぜん　せっけん』（フレーベル館）など。

現在、神奈川県横浜市とアメリカ、ワシントン州にある自宅を、年に数回往復。身近な暮らしの中で知識や知恵を深く掘り下げることを楽しみながら、健康で快適なライフスタイルを実践し、執筆につなげている。

素材やレシピに関する注意事項

この本でご紹介する素材やその使い方、およびオリジナルのスキンケア用品のレシピは、「材料も製法も、あくまで肌やからだにいいものを選ぶ」ということを第一のポリシーに、著者が長期間にわたって日々実際に使っているおすすめのものばかりを集めています。

けれども使用に当たっては、次のことにくれぐれも注意してください。

1 —— 一般的にどんなに安全性が高いとされるものでも、万人に相性のいい素材はあり得ないということ。
2 —— 天然材料の中にも、人によってはアレルギーを引き起こすものがあるということ。

万人に合うものなどないからこそ、自分にとっていい素材やその組み合わせを探す意味があるとも言えます。

ですから、どの素材やレシピも、ひじの内側に少量をつけて半日ほど様子をみる「パッチテスト」をして、「自分にとっての安全性」をしっかりと確かめてから使い始めるようにしてください。

シンプルスキンケア

2008年11月11日　第1版発行

著者
前田京子

発行者
土井尚道

発行所
株式会社 飛鳥新社
東京都千代田区神田神保町3丁目10番地
神田第3アメレックスビル（〒101-0051）
電話　03-3263-7770（営業）03-3263-7773（編集）
http://www.asukashinsha.co.jp

印刷・製本
株式会社暁印刷

ISBN978-4-87031-878-6

前田京子の本

ロングセラー

お風呂の愉《たの》しみ

定価（本体1500円＋税）
四六判240ページ（うちカラー16ページ）
ISBN978-4-87031-378-1

手作り石けん、手作り化粧品ブームのきっかけとなった本。「心を元気に！　からだをきれいに！」をコンセプトに、石けん、シャンプー&リンスから化粧品、入浴剤、歯磨きまで、安心できる材料で、手軽に楽しく作れる47のレシピを、エッセイとともに紹介しています。